Timo Kaphengst/Evelyn Bahn
Land Grabbing

W0083917

Timo Kaphengst hat an der Universität Greifswald Landschafts-ökologie und Naturschutz studiert. Seit 2007 arbeitet er beim Ecologic Institut in Berlin zu politischen und ökonomischen Aspekten der Landnutzung, Bioenergie und Biodiversität sowie zu Agrarhandel.

Evelyn Bahn studierte Politikwissenschaft an der Freien Universität Berlin und ist Referentin für Welternährung und Globale Landwirtschaft beim INKOTA-netzwerk. Seit 2008 beschäftigt sie sich mit den Auswirkungen der europäischen Agrarkraftstoff-politik und den Ursachen von Land Grabbing.

AttacBasisTexte 40

Timo Kaphengst/Evelyn Bahn
Land Grabbing
Der globale Wettlauf um Agrarland

VSA: Verlag Hamburg

www.attac.de

www.vsa-verlag.de

www.inkota.de/landgrabbing

© VSA: Verlag 2012, St. Georgs Kirchhof 6, 20099 Hamburg
Titelfoto: istockphoto
Alle Rechte vorbehalten
Druck- und Buchbindearbeiten:
Beltz Druckpartner GmbH & Co. KG, Hemsbach
ISBN: 978-3-89965-481-3

Inhalt

Einleitung

»Die ausländischen Firmen kommen in großer Zahl. Sie vertreiben die Menschen von dem Land, das sie über Jahrhunderte genutzt haben. Es gibt keine Rücksprachen mit der indigenen Bevölkerung. Die Deals werden im Geheimen gemacht. Das Einzige, was die Menschen vor Ort sehen, sind Leute, die mit großen Traktoren kommen und in ihr Land einfallen.« Dieses Zitat stammt von Nyikaw Ochalla (zit. nach John Vidal 2010), einem Indigenen der Anuak aus der Region Gambela in Äthiopien. Er musste mit ansehen, wie das gesamte Land um sein Heimatdorf Illia in die Hände eines indischen Investors fiel und vollständig gerodet wurde. Die Dorfbewohner haben nie eine Entschädigung erhalten.

Solche Ereignisse sind keine Einzelfälle, sondern finden zu Hunderten meist in den ärmeren Ländern Afrikas, Lateinamerikas und Asiens statt. Im Februar 2012 hat die Organisation GRAIN eine Datenbank mit über 400 dokumentierten Fällen veröffentlicht. Sie betont gleichzeitig, dass dies nur eine begrenzte Auswahl ist (GRAIN 2012).

Spätestens seit 2008, als sich der südkoreanische Logistik-Konzern Daewoo mit 1,3 Mio. ha rund die Hälfte des fruchtbaren Landes Madagaskars sichern wollte und mit der Regierung in Verhandlung trat, ist der Begriff »Land Grabbing« in der internationalen Diskussion angekommen. Seitdem wurden zahlreiche Fallstudien, Zeitungsartikel, Berichte und Analysen über die großen Landaneignungen in den Entwicklungsländern verfasst. Allen voran die Zivilgesellschaft, aber auch zunehmend Wissenschaftler, Entscheidungsträger internationaler Organisationen und Politiker aus unterschiedlichen Ländern zeigen sich besorgt über die rasanten Entwicklungen und das gewaltige Ausmaß der großflächigen Landnahmen. Sie finden aber kaum ein Rezept, um den globalen *Run* auf Agrarland aufzuhalten oder zumindest zu verlangsamen.

Fast ohnmächtig, so scheint es, steht die Weltgemeinschaft dem Phänomen des Land Grabbing gegenüber. Zu divers sind die Umstände in den verschiedenen Ländern, zu intransparent sind die Prozesse, in denen die Deals abgeschlossen werden und zu komplex und weitreichend sind die Ursachen, die zu Land Grabbing führen. Nicht zuletzt stehen beinharte wirtschaftliche Interessen hinter den Großinvestitionen in Ackerland, oft vermengt mit unterschiedlichen politischen Strategien der Länder, aus denen die Investoren kommen.

Dieser Basistext ist der Versuch, Klarheit und Struktur in das komplexe und durchaus schwer überschaubare Phänomen des Land Grabbing zu bringen. Er nimmt die LeserInnen mit auf eine Reise in verschiedene Länder der Erde, in denen Ackerland zu Spottpreisen verscherbelt wird, beschreibt die verheerenden Folgen dieser Landnahmen für die Menschen, die zuvor auf und von dem Land gelebt haben. Er zeigt auf, welche politischen Fehlentwicklungen der Vergangenheit und der Gegenwart dazu geführt haben, dass der Wettlauf um Agrarland mit Vehemenz vorangetrieben wird. Bezüglich des Land Grabbing werden momentan entscheidende Weichen gestellt werden. Dabei geht es um keine geringere Frage als die, wer zukünftig bestimmt, was auf den weltweiten Ackerflächen angebaut wird und welches landwirtschaftliche Produktionsmodell sich durchsetzen wird.

Dieses Buch bietet zudem Alternativen zu den aktuellen Entwicklungen an und stellt konkrete Forderungen an Politik und Zivilgesellschaft, um den Wettlauf zu beenden. Es richtet sich damit an alle, die sich mehr Klarheit über das Land Grabbing-Phänomen verschaffen wollen, aber auch wissen wollen, wie in Zeiten der liberalisierten Weltwirtschaft mit »dem Land« umgegangen wird. Nicht zuletzt ist es ein Aufruf zum Überdenken der eigenen Rolle im globalen Wettlauf um Agrarland und zur Mobilisierung gegen Landraub und Vertreibung.

1. Die Bedeutung von Land

Das Schicksal der Menschen ist seit jeher mit der Verfügbarkeit und der Nutzung von Land verknüpft. Auf dem Land werden nicht nur Rohstoffe für unsere Ernährung angebaut, auch Tiere können ohne verfügbares Land nicht gehalten werden. Selbst in Mitteleuropa, wo Kühe immer seltener auf der Weide stehen, werden große Flächen für den Anbau von Tierfutter benötigt. Auch für die Gewinnung von Bioenergie und den Anbau von Biomasse für die stoffliche Verwertung (z.B. Bioplastik) ist die Menschheit zunehmend auf Ackerland angewiesen.

Seit sich 1996 die internationale Staatengemeinschaft auf dem Welternährungs-Gipfel dazu verpflichtet hat, die Zahl der Hungernden bis zum Jahr 2015 um 415 Mio. zu senken, stieg diese stattdessen um weitere 200 Mio. auf über eine Milliarde Menschen an. Heute hungert fast jeder sechste Mensch und fast ein Drittel aller Kinder in den Entwicklungsländern kommt untergewichtig zur Welt. Über 70% aller Hungernden, rund 1,4 Milliarden Frauen, Kinder und Männer, leben in ländlichen Gebieten (http://www.ifad.org). Als Kleinbauern, Hirten, Fischer, Sammler, Landarbeiter und Landlose sind sie für ihren Lebensunterhalt von der Landwirtschaft abhängig. Der Zugang zu Land, Wasser und Saatgut ist für diese Menschen von existenzieller Bedeutung. In den meisten Ländern des Südens stellt das Land unmittelbar die wichtigsten Materialien für Behausungen und Nutzgegenstände und ist die wichtigste Energiequelle. Dabei werden Holz, Holzkohle, biogene Reststoffe und Dung als Brennmaterial für Öfen oder in offenem Feuer genutzt. Etwa 38% der Weltbevölkerung ist von dieser Art der traditionellen Bioenergienutzung abhängig und verbraucht so etwa ein Zehntel der global erzeugten Primärenergie. Hunger ist vor allem ein ländliches Problem und kann nachhaltig nur vor Ort bekämpft werden. Anders als vielleicht in den Industriestaaten ist somit in den Ländern des globalen Südens ein stabiler ländlicher Raum die Grundvoraussetzung für jegliche wirtschaftliche Entwicklung und für den Erhalt von gemeinschaftlichen Strukturen.

Oft wird vergessen, dass es jene Kleinbäuerinnen und -bauern sind, die den Großteil der Menschheit mit Nahrungsmitteln versorgen – trotz zunehmender Industrialisierung der Landwirtschaft und Lebensmittelherstellung. Sie bewirtschaften rund 60% der weltweiten Anbaufläche. Ihre absolute Zahl steigt weiter an, wenn sie auch prozentual im Verhältnis zur Weltbevölkerung abnimmt. Dabei ist ihre durchschnittliche Farmgröße relativ klein und liegt etwa zwischen einem halben und einem Dutzend Hektar (vgl. Tab. 1). Insgesamt bewirtschaften 85% der weltweit 525 Mio. Bauernhöfe weniger als 2 ha Land. Während die Agrargüter in den Industriestaaten immer mehr Fläche mit immer weniger Menschen bewirtschaften, nimmt die durchschnittliche Farmgröße der Kleinbäuerinnen und -bauern weiter ab.

Wem gehört das Land?

Wenn es um Entscheidungen darüber geht, wie ein Stück Land aktuell oder in Zukunft genutzt wird und wer davon profitieren soll, spielen Eigentumsrechte (»Property Rights«) eine bedeutende Rolle. Es lohnt sich also, einen Blick darauf zu werfen, wem »das Land« überwiegend gehört und wie es unter den zahlreichen Menschen, die dieses Land nutzen, verteilt ist. Leider sind konkrete Zahlen zu den Besitzverhältnissen von Land kaum verfügbar, aber einige grundsätzliche Aussagen lassen sich dennoch treffen (Cahill 2010). Die allerwenigsten Staaten verfügen über offizielle Landstatistiken und -registrierungen. Dort ist der Staat meist offiziell Besitzer des Landes. In vielen ehemaligen Kolonien, in denen nie eine ernst gemeinte Landreform durchgeführt wurde, befinden sich immer noch große Teile des Landes in den Händen weniger Großgrundbesitzer (vor allem in Lateinamerika). In einigen afrikanischen Staaten beruht ein Teil des Landbesitzes zudem auf traditionellen Stammesverteilungen. Aber auch diese Verhältnisse sind selten offiziell und gesetzlich bindend festgeschrieben. In manchen Ländern ist privater Landbesitz nicht einmal zugelassen (zum Beispiel in Äthiopien) oder wird durch hohe Verwaltungsgebühren bei der Beantragung erheblich erschwert (wie in Kamerun oder Mali) und ist damit nur bestimmten, finanzstarken Akteuren zugänglich. Viele Kleinbäuerinnen und -bau-

Tabelle 1: Durchschnittliche Farmgröße ausgewählter Länder (FAO)

Land	Durchschnittliche Farmgröße in ha	Jahr
Äthiopien	1,01	2001/2002
Mozambique	1,28	1999/2000
Senegal	4,30	1998/1999
Ecuador**	14,66	1999/2000
Kolumbien**	23,90	2001
Bangladesh	0,46	1996
Laos	1,57	1998/1999
USA	197,24	1997
EU	12,00	2007*
Deutschland	32,11	1997
Tschechische Republik	64,50	2000

* Siehe EU Kommission: http://ec.europa.eu/agriculture/faq/index_de.htm
** In lateinamerikanischen Ländern herrscht ein besonders großer Gegensatz zwischen den Farmgrößen von Kleinbäuerinnen und -bauern und GroßgrundbesitzerInnen, die durch diese Zahlen nicht zum Ausdruck kommen.

ern bewirtschaften schon über Generationen ein Stück Land. Sie verfügen damit über ein Gewohnheitsrecht, doch dieses ist nicht offiziell registriert oder anerkannt. Bei einem Rechtsstreit haben sie keine Möglichkeit, ihr Recht auf das Land einzuklagen.

Zunahme der »Landkonzentration«

Großflächige Landnahmen in den Ländern des globalen Südens sind kein neues Phänomen. Eine Zunahme von Landkonzentration ist seit Jahrzehnten überall auf der Welt zu beobachten. Bereits in der Kolonialzeit eigneten sich europäische Großgrundbesitzer riesige Ländereien in Afrika, Lateinamerika und Asien an. Klimatische Standortvorteile und billige Arbeitskräfte boten ausgezeichnete Bedingungen, um Exportprodukte wie Kakao, Kaffee und Tee anzubauen. Später wurden viele Plantagen von finanzstarken europäischen und US-amerikanischen Konzernen aufgekauft. Sie weiteten die Plantagen aus und bauten weitere Agrarprodukte wie Obst, Gemüse oder Baumwolle an. Damit nahm die Anzahl derer, die über Land verfügen, stetig ab. Hingegen wurde die Anzahl der Menschen, die Land zum (Über-)Leben

Tabelle 2: Ausgewählte Zahlen zur globalen Landwirtschaft und Welternährung

Anteil der Menschen, die (hauptsächlich) von der Landwirtschaft leben.	2,6 Milliarden Menschen (40% der Weltbevölkerung)
Anzahl der Menschen, die als unterernährt gelten.	Ca. 1 Milliarde Menschen
Anteil der Menschen, die als unterernährt gelten und direkt oder indirekt in der Landwirtschaft beschäftigt sind.	75%
Anstieg der Menschen, die weltweit als unterernährt gelten (1970–2010).	5%
Anstieg der weltweiten landwirtschaftlichen Produktion (1960–2010).	150-200%
Anzahl landwirtschaftlicher Betriebe weltweit.	525 Mio.
Anteil der Nahrungsmittel, die weltweit von Kleinbauern produziert werden.	Ca. 80%
Durchschnittliche landwirtschaftlich genutzte Fläche, die benötigt wird, um eine Person zu ernähren (2006).	0,22 ha
Anteil der weltweit kultivierten Fläche, die künstlich bewässert wird.	20%

Quelle: FAO 2011; Zukunftsstiftung Landwirtschaft 2009; McKeon, N./Kalafatic, C. 2009.

brauchen nicht geringer, sondern nimmt mit dem Bevölkerungswachstum in vielen Entwicklungs- und Schwellenländern bis heute zu. Der Prozess der Landkonzentration führte schon immer zu Konflikten und ging schon in Kolonialzeiten mit gewaltsamen Vertreibungen der lokalen Bevölkerung einher.

Bis heute haben es Investoren in den Staaten, in denen nach Beendigung von Kolonialzeiten oder Feudalherrschaften keine hinreichenden Landreformen durchgeführt wurden, besonders leicht, sich Land anzueignen. In vielen Ländern Lateinamerikas wurden Landreformen im 20. Jahrhundert aktiv durch die USA beeinflusst oder unterbunden, um eine Neuaufteilung des Landes unter den vielen, zum Teil indigenen Bevölkerungsgruppen zu verhindern. Dies hätte dem Interesse der USA widersprochen, leicht an Agrarflächen für den Anbau von Produkten für den internationalen und amerikanischen Markt zu kommen (vgl.

Wiener Bravo 2011). So blieben die Großgrundbesitzer meist im Besitz des Landes. Die Menschen, die auf dem Land arbeiteten, bekamen lediglich Nutzungsrechte.

Landkonzentration bedeutet auch, dass die Bewirtschaftungseinheiten größer werden. Auf die Landwirtschaft bezogen heißt das, dass es immer größere Betriebe gibt, die auf immer größeren Flächeneinheiten wirtschaften. Tendenziell nimmt dadurch die Anzahl der Menschen, die von dem Land ein Auskommen haben, ab. Der Profit, der durch die Nutzung des Landes erzielt wird, wird von einer immer geringer werdenden Zahl von Landnutzern eingestrichen. Diejenigen, die sich bei den Großbetrieben mit ihrer Arbeitskraft verdingen, müssen sich den oft schlechten Bedingungen unterordnen. Dieses Phänomen ist nicht auf Entwicklungs- und Schwellenländer beschränkt, sondern findet auch in Industrieländern statt. In der Diskussion um die europäische Landwirtschaftspolitik wird dies meist unter dem neutralen Begriff des Strukturwandels billigend in Kauf genommen. Andere, eher kritische Stimmen, sprechen von »Höfesterben«.

Das Problem ist hausgemacht

Dieses Missverhältnis wurde politisch in den letzten Jahrzehnten stark vorangetrieben. Dabei spielte die Wirtschafts- und Finanzpolitik der Bretton-Woods-Institutionen – der Internationale Währungsfonds (IWF) und die Weltbank – eine entscheidende Rolle. Viele der Länder in Lateinamerika, Afrika und Asien erhofften sich in den 1980er Jahren, mit Krediten wirtschaftliche Entwicklung und Wohlstand zu schaffen. Doch die Strategie, nur mithilfe von Krediten eigene Industrien aufzubauen und auf dem Weltmarkt wettbewerbsfähig zu werden, ging nicht auf. Mit der Zeit wurde deutlich, dass die Länder ihre Kredite an die Banken nicht zurückzahlen konnten, sodass sie finanzielle Hilfe vom IWF in Anspruch nehmen mussten. Die Weltbank »unterstützt« bis heute die Länder mit Projekten zum Aufbau von Industrien und Infrastruktur. Allerdings begeben sich diese Länder damit in Abhängigkeit von der Politik des IWF und der Weltbank, deren Kreditauflagen insbesondere an Liberalisierung, Privatisierung und Exportorientierung gebunden sind.

So haben IWF und Weltbank in den 1990er Jahren mit »Strukturanpassungsprogrammen« dafür gesorgt, dass Entwicklungsländer ihre Agrarmärkte verstärkt auf den Export ausrichteten und gleichzeitig ihre Märkte für Importe und Investitionen aus den Industrieländern öffnen mussten. Dabei wurden ihnen nur Kredite zur Ankurbelung ihrer Wirtschaft gewährt, wenn sie entsprechende Liberalisierungsauflagen erfüllten. Während viele Entwicklungsexperten weiterhin davon überzeugt waren, dass Marktliberalisierung zu Entwicklung führen kann, profitierten gleichzeitig die Industrieländer von dieser Politik. Sie konnten in den Entwicklungsländern billige (Agrar-)Rohstoffe erwerben, und durch die Liberalisierung öffneten sich neue Märkte für ihre Exportgüter. In vielen Entwicklungsländern nahm damit der Anbau von Exportprodukten, so genannter Cash Corps (z.B. Soja, Kaffee und Kakao), rasant zu. Allein in Argentinien hat sich vom Anfang der 1990er Jahre bis 2002 die Anbaufläche von Soja verdreifacht. Damit einher ging eine verstärkte Konzentration des verfügbaren Ackerlandes in den Händen weniger Plantagenbesitzer. Zahlreiche Bäuerinnen und Bauern mussten ihre Landbewirtschaftung, die auf die lokalen und regionalen Märkte ausgerichtet war, aufgeben oder wurden von ihrem Land verdrängt. Noch heute nehmen die Industrieländer über die Kreditvergabe von IWF und Weltbank direkten Einfluss auf die Wirtschafts- und Sozialpolitik der Entwicklungsländer (vgl. Wiggerthale 2009). Ihre Ziele haben sich seit den 1980er Jahren kaum geändert und werden heute durch handelspolitische Strategien untermauert.

So verfolgt die Europäische Union (EU) mit ihrer Handelspolitik offensiv eine Strategie, die es erleichtert, an (Agrar-)Rohstoffe in den Entwicklungsländern zu kommen. Seitdem die multilateralen Verhandlungen auf der Ebene der Welthandelsorganisation (WTO) ins Stocken geraten sind, verlegen die EU und andere Industrieländer ihre handelspolitischen Aktivitäten zunehmend auf bilaterale Handelsabkommen. Das heißt, dass die EU direkt mit einem afrikanischen oder südamerikanischen Land in Verhandlungen über Marktzugänge, Zölle, Investitionsabkommen etc. tritt. Dieses ungleiche Kräfteverhältnis zwischen einem bedeutenden Global Player wie der EU und einem mitunter politisch in-

Infobox 1: Das EU-Freihandelsabkommen mit Kolumbien

Im Mai 2010 wurde auf dem EU-Lateinamerika-Gipfel in Madrid das Freihandelsabkommen zwischen Kolumbien, Peru und der EU unterzeichnet. Allerdings müssen es das Europäische Parlament und die Kongresse in Kolumbien und Peru noch ratifizieren, bevor es in Kraft treten kann, was nicht vor September 2012 zu erwarten ist. Das vornehmliche Ziel des Abkommens ist die Liberalisierung des Handels zwischen der EU und den beiden Ländern. In Kolumbien kommt es seit Jahrzehnten zu systematischen Verletzungen der Menschenrechte: Zwangsvertreibungen, Morde an GewerkschafterInnen, Hinrichtungen, Folter und das »Verschwindenlassen« sozialer AktivistInnen sind weit verbreitet. Kolumbien gilt als das Land mit den meisten Vertriebenen weltweit. Seit 1985, so wird geschätzt, sind mehr als 4,6 Mio. Menschen von ihrem Land, das sie zum Großteil rechtmäßig besessen haben, vertrieben worden. Das ist ein Zehntel der gesamten Bevölkerung Kolumbiens. Meist stecken direkte Wirtschaftsinteressen dahinter: Entweder das geraubte Land dient dem Abbau von Rohstoffen wie Kohle und Gold oder es wird agroindustriell genutzt – sei es für die Expansion von Viehwirtschaft oder den Anbau von Ölpalmen, Zuckerrohr oder Kakao.

Das Handelsabkommen sieht u.a. weitreichende Investitionen in Kolumbiens Agrarsektor vor. Damit einhergeht, dass »neues« Land in die industrielle Nutzung genommen werden muss. In Kolumbien ist das Land nicht zuletzt wegen der zahlreichen Vertreibungen sehr ungleich verteilt: 61% des anbaufähigen Landes liegen in den Händen von nur 0,4% der Bevölkerung. Diese hohe Landkonzentration erleichtert die »Formalien« des Landkaufs bzw. die Ausweitung der industriellen Landbewirtschaftung. Allein die bereits existierenden rund eine halbe Mio. Hektar Palmölplantagen sollen in den nächsten Jahren auf eine Mio. Hektar ausgeweitet werden. Die Wahrscheinlichkeit von weiteren Landvertreibungen ist nicht nur in diesem Bereich besonders hoch. Zudem können Kleinbauern und Landlose an der Palmölproduktion kaum partizipieren, die technik- und damit sehr kapitalintensiv ist, aber kaum zusätzliche Arbeitsplätze schafft. Die Arbeitsbedingungen für Landarbeiter auf diesen Plantagen sind in der Regel sehr schlecht.

Quelle: Klemmt (2010). Weitere Infos bei Marin, Lovett & Clancy (2011)

stabilen und von ausländischer Hilfe abhängigen Einzelstaat aus dem globalen Süden sorgt dafür, dass die EU in der Regel leichtes Spiel hat, sich die (Land-) Ressourcen des jeweiligen Landes zu sichern, wie das Beispiel Kolumbien zeigt (s. Infobox 1).

Das Problem ist hausgemacht

2. Land Grabbing – der Wettlauf um Agrarland hat begonnen

Der so genannte Daewoo-Fall lenkte im Jahr 2008 erstmals die Aufmerksamkeit der internationalen Medien auf das Phänomen Land Grabbing. Der südkoreanische Logistik-Konzern stand mit der Regierung Madagaskars in Verhandlungen über 1,3 Mio. ha Ackerland – die Hälfte des fruchtbaren Landes Madagaskars. Der Konzern wollte sich die Verfügungsrechte über das Land für 99 Jahre sichern und kündigte an, auf dem Land Mais und Palmöl für den Export nach Südkorea anzubauen. Madagaskar belegt im Welthungerindex einen der hintersten Plätze – 25% der Bevölkerung gelten als unterernährt (Welthungerhilfe et al. 2011). Um die Ernährung der Bevölkerung zu sichern, ist der Inselstaat auf Reisimporte angewiesen. Der geplante Deal mit dem koreanischen Konzern führte zu heftigen Protesten in der Bevölkerung und wurde für Madagaskars Präsident Marc Ravalomana zum Verhängnis. Nach tagelangen, teils gewaltsamen Unruhen trat Ravalomana von seinem Amt zurück.

Der Daewoo-Fall zeigt exemplarisch, wovon seit Anfang dieses Jahrtausends viele Entwicklungsländer betroffen sind: Private Investoren, zumeist aus dem Ausland, kaufen oder pachten über einen vergleichsweise langen Zeitraum (bis zu 100 Jahre) groß-flächig Ackerflächen, um auf dem Land Agrarprodukte für den Export anzubauen oder um sich das Land als sichere Finanzanlage anzueignen. Kleinbauern, Nomaden und Viehzüchter in den betroffenen Ländern sowie viele Entwicklungsorganisationen befürchten, dass durch das steigende Interesse privater Investoren an Ackerflächen Konflikte um Land und Wasser zunehmen werden. Es besteht die Gefahr, dass die ländliche Bevölkerung in vielen Entwicklungsländern den für ihre Ernährungsgrundlage wichtigen Zugang zu produktiven Ressourcen wie Land und Wasser verliert. Um auf die negativen Auswirkungen großflächiger Landnahmen aufmerksam zu machen, hat sich der englische Begriff »Land Grabbing« (dt. Grapschen nach Land) durchgesetzt.

Der Begriff »Land Grabbing« wird bisher nicht allgemein anerkannt bzw. genutzt. In einigen Studien und Aufsätzen (u.a. GTZ 2009; Cotula et al. 2009) wird er umgangen und stattdessen von »Ausländischen Direktinvestitionen in Land« oder »Landakquisitionen« gesprochen. Eine Definition, die auch von vielen zivilgesellschaftlichen Organisationen verwendet wird, bietet die »Tirana-Declaration«. Sie ist Ergebnis einer Konferenz der *International Land Coalition,* an der im Mai 2011 über 150 VertreterInnen von zivilgesellschaftlichen Organisationen, sozialen Bewegungen, internationalen Institutionen und Regierungen aus über 45 Ländern in Tirana (Albanien) teilnahmen. Die Tirana-Declaration definiert Land Grabbing als großflächige[1] Landkäufe oder -pachten, die eine oder mehrere der folgenden Eigenschaften aufweisen (ILC 2011):

- Menschenrechte der lokalen Bevölkerung werden verletzt, insbesondere die Gleichbehandlung von Frauen;
- die betroffene Bevölkerung wird nicht in alle sie betreffenden Entscheidungen nach dem Prinzip der freien, rechtzeitigen und informierten Zustimmung einbezogen (free, prior and informed consent – FPIC);
- eine gründliche Analyse der sozialen, ökonomischen und ökologischen Auswirkungen, eingeschlossen der gerechten Geschlechterverteilung, findet nicht statt oder wird ignoriert;
- es gibt keine transparenten Verträge, die klare, verbindliche und einklagbare Verpflichtungen für die Investoren beinhalten (z.B. zur Beschäftigung und zum Vorteilsausgleich für die lokale Bevölkerung);
- ein effektiver demokratischer Planungsprozess mit Partizipation aller Akteure sowie ein unabhängiges Monitoring der Durchführung des Projektes finden nicht statt.

---

[1] Eine genaue Angabe, was unter »großflächig« zu verstehen ist, gibt es in der Tirana-Defintion nicht. In einem Projekt der International Land Coalition zur Quantifizierung von Land Grabbing wird als Mindestgröße 200 ha angegeben. In Deutschland haben die größten landwirtschaftlichen Betriebe eine Größe von 250 ha (im Vergleich: Das Gelände des ehemaligen Flughafens in Berlin-Tempelhof hat eine Größe von 300 ha).

Die Definition legt den Fokus auf die Auswirkungen groß-flächiger Landkäufe oder -pachten (Land Deals), auf die ländliche Bevölkerung sowie auf die Art und Weise, wie die entsprechenden Verträge zustande kommen. Das Prinzip des FPIC soll sicherstellen, dass es bei Konsultationen eine neutrale Moderation gibt und der Prozess nicht vom Investor finanziert wird. Es sieht auch vor, dass betroffene Gemeinden genügend Zeit für interne Abstimmungsprozesse bekommen und über alle Faktoren klar und nachvollziehbar durch den Investor informiert werden. Die Tirana-Definition unterscheidet nicht zwischen ausländischen und nationalen Investoren handelt. Bei vielen dokumentierten Land Deals handelt es sich nicht um ausländische, sondern um nationale Akteure, die als Investoren auftreten – wenngleich diese oftmals von ausländischem Finanzkapital gestützt werden. Die Auswirkungen auf die Bevölkerung und der undurchsichtige Prozess der Vertragserstellung unterscheiden sich jedoch kaum von Land Deals, an denen ausländische Investoren beteiligt sind. Im vorliegenden Buch bezieht sich der Begriff Land Grabbing auf die Definition von Tirana.

Gewaltiges Ausmaß und rasante Geschwindigkeit

Seit dem Daewoo-Fall häufen sich Medienberichte über Fälle von Land Grabbing. Doch trotz verschiedener Studien (GRAIN 2008; Weltbank 2011; Anseeuw et al. 2012), in denen versucht wurde, das tatsächliche Ausmaß der Landnahmen zu quantifizieren, gibt es bis heute keine verlässlichen Angaben. Dies liegt u.a. daran, dass viele der Landgeschäfte so lange wie möglich von Investoren und Regierungen verschwiegen werden und die Verträge der Öffentlichkeit nicht zugänglich sind. Nationale und internationale Gesetze, die Transparenz bei Geschäften mit Ackerland einfordern, gibt es bislang nicht.

Die Weltbank geht davon aus, dass allein zwischen Oktober 2008 und August 2009 Investoren über 56 Mio. ha Ackerland verhandelten. In den zehn Jahren zuvor kauften oder pachteten Investoren im Schnitt 4 Mio. ha jährlich, wodurch sich eine Gesamtsumme von 96 Mio. ha Land weltweit ergibt. Mehr als 70% der betroffenen Fläche befinden sich auf dem afrikanischen Kontinent und betreffen Länder wie Äthiopien, Mosambik und den Sudan. Die Weltbank räumt ein, dass sich diese Zahlen lediglich auf eine Auswertung von Medienberichten beziehen, die nur stichprobenartig verifiziert wurden.

Die aktuellste und bisher wahrscheinlich vollständigste Erfassung zu den Landgeschäften der vergangenen Jahre wurde im Januar 2012 von der so genannten Land Matrix Partnership[2] veröffentlicht. Die Land Matrix Partnerhship hat sich zur Aufgabe gemacht, das genaue Ausmaß der Landgeschäfte mit fundierten Fakten zu belegen. Dafür sammeln die beteiligten Akteure systematisch Informationen zu großflächigen Landnahmen, überprüfen vor Ort Berichte über den Verkauf oder das Verpachten von Land und erfassen die Einzelheiten der Auswirkungen der Land Deals. Dabei wurden lediglich Deals berücksichtigt, die (1) mehr als 200 ha betrafen, (2) die nicht vor dem Jahr 2000 abgeschlossen wurden und (3) von denen Kleinproduzenten betroffen waren. Landgeschäfte zwischen zwei Großgrundbesitzern wurden somit nicht in die Erhebung einbezogen.

Erste Ergebnisse der Untersuchungen zeigen, dass das tatsächliche Ausmaß der Landgeschäfte etwa vier- bis fünfmal größer ist, als bislang angenommen. Die Autoren der Studie gehen davon aus, dass in den vergangenen zehn Jahren etwa 203 Mio. ha[3] Land in Entwicklungsländern von kommerziellen Agrarinvestoren zumeist aus dem Ausland gekauft oder langfristig gepachtet wurden.[4] Die überwiegende Mehrheit dieser Landge-

---

[2] In der Land Matrix Partnership haben sich die International Land Coalition, Centre de coopération international en recherche agronomique pour le développement (Cirad), Centre for Development and Environment (CDE) at University of Bern, GIGA at University of Hamburg und Deutsche Gesellschaft für Internationale Zusammenarbeit (GIZ) seit 2009 zusammengeschlossen, um systematisch Informationen über großflächige Landnahmen zu sammeln und zu verifizieren.

[3] Zum Zeitpunkt der Veröffentlichung des Basistextes wurden von den 203 Mio. ha 35% vor Ort verifiziert. Berücksichtigt wurden Landakquisitionen für die Sektoren Nahrungsmittel, Agrarkraftstoffe, Holz, CO_2-Senken, Abbau von Bodenschätzen, Industrie, Non-Food-Crops und Tourismus.

[4] Zum Vergleich: In Deutschland werden derzeit 17 Mio. ha landwirtschaftlich genutzt.

schäfte kann als Land Grabbing im Sinne der Tirana-Deklaration bezeichnet werden. Die Größenordnung der betroffenen Acker- flächen entspricht etwa dem Sechsfachen der Gesamtfläche Deutschlands. Weiterhin nimmt der Bericht an, dass ein Großteil dieser Land Deals erst in den letzten zwei Jahren abgeschlossen wurde (Anseeuw et al. 2012). Das High Level Panel of Experts, ein wissenschaftliches Beratungsgremium des bei der FAO an- gesiedelten Committee on Food Security, geht davon aus, dass es sich bei den Zahlen nur um die Spitze des Eisbergs handelt und der Wettlauf um Ackerland auch in den kommenden Jahren nicht abnehmen wird (HLPE 2011).

Der Ansturm auf die Ressource Land nahm seit 2005 kontinu- ierlich zu und erreichte 2009 – unmittelbar nach Einsetzen der Nahrungsmittelkrise[5] – einen absoluten Höhepunkt (Abb. 1). Im Jahr 2010 nahm die Anzahl der Berichte über großflächige Land- nahmen ab, blieb aber auf einem hohen Niveau. Der Rückgang lässt sich auf eine Kombination von Faktoren zurückführen. So führten die Auswirkungen der weltweiten Finanzkrise dazu, dass es für potenzielle Investoren schwieriger wurde, Kredite zu bekommen. Investoren, die bereits in Ackerland investiert hat- ten, stellten die Produktion nach wenigen Monaten wieder ein, weil sich erhoffte Erträge und damit Gewinne nicht realisiert hatten. Abschreckend wirkten auch der gescheiterte Daewoo- Deal sowie die immer stärkere Kritik von zivilgesellschaftlichen Akteuren, kritische Medienberichterstattung und die Proteste der lokalen Bevölkerung. Trotz des Rückgangs von Berichten über Land Deals seit 2009 stellt die Land Matrix Partnership ein wachsendes Interesse an der Ressource Ackerland und ihrer kommerziellen Nutzung fest (Anseeuw et al. 2012).

Neben der Geschwindigkeit, mit der in den letzten Jahren Land Deals abgeschlossen wurden, hat auch das jeweilige Flächenaus-

---

[5] Im Februar 2008 kam es in zahlreichen Entwicklungsländern zu zum Teil gewaltsamen Hungerrevolten. Die Preise für Weizen, Reis und Mais stiegen um mehr als 60%. Die Preise am Weltmarkt sind seit 2008 wie- der leicht zurückgegangen, unterliegen jedoch starken Schwankungen. So stiegen 2011 die Preise für Mais wieder auf das Niveau von 2011 und sorgten erneut für Unruhen.

Abbildung 1: Der Verlauf der globalen Landnahme

■ Anzahl der verkauften oder verpachteten Hektar, teilweise verifiziert (in Millionen)

Quelle: Anseeuw et al. 2012

maß der abgeschlossenen Verträge deutlich zugenommen. Laut Weltbank (2011) belaufen sich die Flächen im Durchschnitt auf 40.000 ha, wobei ein Viertel der Projekte sogar mehr als 200.000 ha umfasst, was etwa der Größe des Saarlands entspricht. Die Größe der Flächen lässt darauf schließen, dass die Investoren auf industrielle und mechanisierte Bearbeitung setzen, deren Kosten tendenziell mit zunehmender Flächengröße sinken. Damit geht allerdings meistens der Anbau von Monokulturen unter hohem Einsatz von Pestiziden und Düngemitteln einher.

Welche Länder sind betroffen?

Mit etwa 134,5 Mio. ha wurden über die Hälfte der Landgeschäfte der vergangenen Jahre in Afrika südlich der Sahara verhandelt. Besonders betroffen sind Mosambik, Madagaskar, Äthiopien, Tansania, Sierra Leone, Uganda und Sudan. Es handelt sich somit um Länder, die einen alarmierenden Hunger-Index[6] auf-

---

[6] Der Welthunger-Index basiert auf einem mehrdimensionalen Ansatz, der unterschiedliche Aspekte von Hunger und Unterernährung erfasst und diese in einer Zahl abbildet. Ziel ist es, einen schnellen Überblick über das komplexe Problem zu ermöglichen. Der Index berücksichtigt sowohl die Versorgungssituation der Bevölkerung insgesamt als auch die Folgen und Begleitfaktoren einer unzureichenden Ernährung für die physiologisch sehr gefährdete Gruppe der Kinder, für die Mangelernährung ein hohes Krankheits- und Todesrisiko bedeutet. Darüber hinaus können durch die

Tabelle 3: Eine Auswahl dokumentierter Land Grabbing-Fälle (nach GRAIN 2012))

Zielland	Investor und Herkunftsland	Sektor	Hektar/Vertragsstatus	Produktion
Angola	Eurico (Portugal)	Energie, Telekommunikation	30.000/abgeschlossen	Zuckerrohr
Argentinien	Olam International (Singapur)	Agrobusiness	17.000/abgeschlossen	Mais, Erdnüsse, Sojabohnen
Australien	Beidahuang (China)	Agrobusiness	80.000 /laufend	Milch, Getreide
Ägypten	Al Rajhi International Investment Company (Saudi-Arabien)	Agrobusiness, Finanzen	52.500/abgeschlossen	Futtermittel, Weizen
Äthiopien	Acazis AG (Deutschland)	Agrobusiness	56.000/abgeschlossen	Castorbohnen, Erdnüsse, Pflanzenöl
Brasilien	Chongqing Grain Group (China)	Agrobusiness	200.000/laufend	Sojabohnen
DR Kongo	DWS GALOF (Deutschland)	Finanzen	25.000/abgeschlossen	Getreide
Ghana	Symboil (Deutschland)	Energie	13.500/abgeschlossen	Ölpalme
Indonesien	Bunge (USA)	Agrobusiness	25.000/laufend	Palmöl
Kolumbien	Black River Asset Management (USA)	Finanzen	60.000/abgeschlossen	Getreide
Madagaskar	Landmark (Indien)	Agrobusiness	150.000/abgeschlossen	Mais
Mosambik	Petro Buzi (Brasilien)	Energie	40.000/laufend	Zuckerrohr
Philippinen	Katar	Staat	100.000/laufend	Reis
Russland	Black Earth Farming (Schweden)	Agrobusiness	326.000/abgeschlossen	Gerste, Weizen
Sambia	DWS GALOF (Deutschland)	Finanzen	27.000/abgeschlossen	Getreide
Sierra Leone	BHB GmbH (Deutschland)	Finanzen	3.000/abgeschlossen	Reis
Sudan	Südkorea	Staat	690.000/abgeschlossen	Weizen
Tanzania	DWS GALOF (Deutschland)	Finanzen	5.000/abgeschlossen	Getreide
Uganda	Wilmar International (Singapur)	Agrobusiness	40.000/abgeschlossen	Ölpalme

2. Land Grabbing – der Wettlauf um Agrarland

weisen und zum Teil von Nahrungsmittelhilfen abhängig sind. In Äthiopien leben über 80% der 82,9 Mio. EinwohnerInnen auf dem Land. 41% davon gelten als unterernährt. 7,1 Mio. Menschen in Äthiopien erhalten Nahrungsmittelhilfen aus internationalen Programmen wie dem World Food Programm. Gleichzeitig verpachtet die Regierung mehrere Millionen von Hektar an ausländische Investoren, die insbesondere Nahrungsmittel- und Energiepflanzen für den Export anbauen. Dadurch entsteht die paradoxe Situation, dass die internationale Gemeinschaft Nahrungsmittelhilfen nach Äthiopien einführt, während die Lastwagen der Investoren tonnenweise Nahrungsmittel aus dem Land ausführen (FAO 2011a; Oakland Institut 2011).

Auch wenn die Mehrheit der Land Deals bisher den afrikanischen Kontinent betraf, handelt es sich bei Land Grabbing um ein globales Phänomen. In Asien sind nach Aussagen der Landmatrix Partnership etwa 43 Mio. ha (insbesondere Kambodscha, Laos, Philippinen, Indonesien) und in Lateinamerika 19 Mio. ha betroffen. Die übrigen 5,4 Mio. ha waren Gegenstand von Verhandlungen in Europa und Ozeanien. In Studien und Medienberichten wurden bislang insbesondere Fälle aufgearbeitet, bei denen Ackerfläche in Entwicklungsländern verkauft oder verpachtet wurde. Weniger bekannt ist, dass es auch in Industrieländern wie Australien, Neuseeland und den USA sowie auf dem europäischen Kontinent – insbesondere in der Ukraine – zu zahlreichen Landgeschäften auf Kosten der lokalen Bevölkerung gekommen ist, die zum Teil mehrere Tausend Hektar umfassen.

Die Problematik des Land Grabbing lässt sich somit nicht auf die Erklärungsformel »Industrieländer greifen nach Ressourcen in den Entwicklungsländern« reduzieren. Der Prozess gestaltet sich weitaus komplexer und eine klare Zuteilung von »Ausbeutern« und »Ausgebeuteten« entlang geografischer Merkmale oder der Terminologie Industrieländer vs. Entwicklungsländer ist zu kurz gefasst. Einige Länder wie China und Indien sind sowohl von Land Grabbing betroffen, als auch selbst am Wettlauf

---

Kombination unabhängig voneinander gemessener Indikatoren zufallsbedingte Messfehler verringert werden.

> **Infobox 2: Nicht nur im Süden: Land Grabbing in der Ukraine**
> Viele Investoren zieht es auch nach Osteuropa, wo nach dem
> Ende der kollektivierten Landwirtschaft viele Flächen brachlie-
> gen. Auch die Ukraine ist in das Visier von Investoren geraten.
> Das Land verfügt über 32 Mio. ha Ackerfläche, worin ein Drittel
> der weltweiten Schwarzerde-Vorkommen liegt. Um einen allzu
> raschen Ausverkauf von Land zu verhindern, hat die ukrainische
> Regierung ein Moratorium über den Kauf von Land bis 2013 ver-
> hängt. Was in- und ausländischen AkteurInnen jedoch offen steht,
> ist die Pacht von vielen kleinen Flächen über Zeiträume zwischen
> fünf und 50 Jahren. Die Menschen in der Ukraine und damit die
> Besitzer des Landes profitieren davon allerdings aufgrund nied-
> riger Pachtpreise kaum: 2010 lag der Pachtpreis bei drei bis vier
> Euro pro Hektar. Mittlerweile ist über die Hälfte des ukrainischen
> Ackerlandes unter Kontrolle von Agrarholdings, an denen auch
> einige deutsche Unternehmen beteiligt sind. So haben z.B. die bei-
> den Stadtwerke von Uelzen und Schwäbisch Hall gemeinsam eine
> Holding gegründet, die in der Ukraine auf 11.600 ha Raps, Soja
> und Weizen anbaut (UKRINFORM 2011; Plank 2010).

um Ackerflächen beteiligt. So hat in China der industrielle Auf-
schwung der letzten Jahre die landwirtschaftlich nutzbare Fläche weiter reduziert und die chinesische Regierung möchte zukünftig den Eigenbedarf an Nahrungsmitteln, Futtermitteln und
Agrarkraftstoffen durch Investition in Ackerflächen in anderen
Ländern abdecken. Gleichzeitig hat die amerikanische Invest-
mentbank Goldman Sachs für knapp 500 Mio. US-Dollar industrielle Geflügel- und Schweinezuchtbetriebe in China aufgekauft.

Indische Akteure spielen eine offensive Rolle beim globalen
Wettlauf um Ackerland. Die eigene Landwirtschaft stößt angesichts von zunehmenden Monsunniederschlägen und einem
starken Bevölkerungsanstieg an ihre Grenzen. Laut Medienberichten hat die indische Regierung Geld an 80 Unternehmen
verliehen, um 350.000 ha Land auf dem afrikanischen Kontinent
zu erstehen. Doch auch indisches Land ist in das Visier von Investoren geraten. So investierte der bahrainische Konzern »Nader
und Ibrahim Sons of Hassan Group« etwa 100 Mio. US-Dollar
in 4.000 ha Land in Indien, um darauf Reis für den Export nach
Bahrain anzubauen (www.inkota.de/Land Grabbing).

Die meisten Investoren bevorzugen Länder, die über schwache Rechtsstrukturen und unklare Landeigentums- und Landnutzungsrechte verfügen. In vielen betroffenen Ländern sind die Zuständigkeiten für die Vergabe von Landkonzessionen unter verschiedenen Behörden und Ministerien unklar aufgeteilt. Dies führt dazu, dass Projektvorschläge der Investoren nur unzureichend überprüft werden, eine Analyse über die potenziellen Auswirkungen des Land Deals kaum oder gar nicht stattfindet, und die Bevölkerung unzureichend informiert und über die Folgen der Projekte aufklärt wird. Es fehlen geeignete Strukturen, um die lokale Bevölkerung davor zu schützen, ihr Land und damit verbunden ihre Ernährungsgrundlage zu verlieren. Hinzu kommt, dass laut Korruptionswahrnehmungsindex (CPI) eine ganze Reihe der von Land Grabbing betroffenen Länder als stark korrupt gilt (wie z.B. Äthiopien, Mosambik, Sierra Leone, Ukraine und Kambodscha).

Aufseiten der Investoren scheinen die Aussichten auf Rendite so lukrativ, dass sich viele nicht davon abschrecken lassen, in klassische Krisenländer oder Ex-Bürgerkriegsländer (z.B. Uganda, Sudan, Kongo) mit extrem fragiler Staatlichkeit und kaum ausgeprägten Demokratiestrukturen zu investieren. Die zukünftig erwartete Wertsteigerung des Landes drängt Investitionsrisiken scheinbar in den Hintergrund. Die Investoren nehmen damit eine Verschärfung der Konflikte um die Ressourcen Land und Wasser billigend in Kauf und gefährden dadurch den Frieden und die demokratische Entwicklung in den jeweiligen Ländern (Kruckow 2011). So haben Akteure aus den Golfstaaten in den vergangenen Jahren viel Geld in südsudanesisches Ackerland investiert, obwohl die politische Zukunft des Sudans nach wie vor ungewiss ist. Landkonflikte haben in dem jahrzehntelangen Bürgerkrieg eine erhebliche Rolle gespielt und sind bis heute ein zentrales Problem in dem neuen Staat. 80% der Bevölkerung im Südsudan leben von der Viehzucht und dem Ackerbau. Doch Krieg und Flucht haben viele der alten Nutzungsverhältnisse zerstört. Die unklaren Besitzverhältnisse nutzen Investoren aus dem Ausland aus. Zwischen 2007 und 2010 haben sie sich über 2 Mio. ha angeeignet.

3. Multiple Krisen befeuern Land Grabbing

Das wachsende Interesse an Ackerland lässt sich im Wesentlichen auf die Kumulation der vier globalen Krisen zurückführen: die Nahrungsmittelkrise, die Energiekrise, die Finanzmarktkrise und die Klimakrise. Die einzelnen Krisen hängen in komplexen Wechselwirkungen zusammen. Neben den klassischen Akteuren aus dem Agrobusiness, die auf dem Land Nahrungsmittel anbauen und auf dem Weltmarkt handeln wollen, konkurrieren zunehmend auch Energieunternehmen und Investmentfonds um die Ressource Ackerland. Die Investoren kommen hauptsächlich aus China, den Golfstaaten (Saudi-Arabien, Vereinigte Arabische Emirate, Katar, Kuwait und Bahrain) Nordafrika (Libyen und Ägypten), Russland sowie aus Ländern der EU (u.a. Großbritannien, Deutschland) und den USA.

Nahrungsmittelkrise beschleunigt Wettlauf um Ackerland

Die Nahrungsmittelkrise von 2008 trug wesentlich zu einer Beschleunigung des Wettlaufs um landwirtschaftliche Nutzflächen bei. Als die Weltmarktpreise für Grundnahrungsmittel in die Höhe schossen, bekamen Netto-Nahrungsmittelimporteure wie China, Südkorea, Indien und die Golfstaaten ihre Abhängigkeit von den Weltmarktpreisen zu spüren. Betroffen sind somit Länder mit schnell wachsender Bevölkerungszahl und begrenzten Land- und Wasserressourcen.

Die Entwicklung der Weltmarktpreise ist zunehmend unkalkulierbar, und Regierungen haben kaum Spielraum, auf einen plötzlichen Anstieg der Preise zu reagieren. Prognosen gehen davon aus, dass die Preise mittel- und langfristig weiter ansteigen werden und die Bevölkerungszahl gleichzeitig zunimmt. Nicht zuletzt aus Angst vor der wachsenden Gefahr sozialer Unruhen (vgl. Infobox 3) sind daher Regierungen von Ländern mit großen Devisenvorräten fortwährend auf der Suche nach Ackerflächen in anderen Ländern, um Nahrungsengpässe besser auffangen zu können (Anseeuw et al. 2012).

Im Jahr 2007 unterzeichnete z.B. die ägyptische Regierung ein Abkommen mit der International Investment Company, einem Unternehmen der Al Rajhi-Familie, zur Produktion von Weizen und Futtermitteln für den Export nach Saudi-Arabien. Die erste Phase umfasste 10.000 ha und wurde bereits umgesetzt; eine zweite, die die Fläche auf 52.500 ha erhöhen sollte, war für 2010 geplant. Die Al Rajhi-Familie ist bekannt als die reichste saudische Familie außerhalb des Königshauses. Sie besitzt die Tabuk Agricultural Development Co. (TADCO), eines der größten Agrarunternehmen des Landes. Seit 2008 ist sie Marktführerin im Privatsektor, um in Übersee Ackerland für die King Abdullah Initiative for Saudi Agricultural Investment Abroad zu sichern. 2009 brachte die Al Rajhi Group verschiedene große saudische Agrarunternehmen zusammen, darunter Almarai und die Aljouf Agricultural Development Co. Gemeinsam gründeten sie Jenat, ein Joint-Venture-Unternehmen, um Ackerland in Übersee zu akquirieren sowie die Far East Agricultural Co., die sich auf die Sicherung von Land zur Reisproduktion in Asien konzentriert (GRAIN 2012).

Auch die chinesische Regierung fordert seit 2008 verstärkt nationale Agrarunternehmen aufgrund der wachsenden Bevölkerungszahl, einem Rückgang der landwirtschaftlichen Nutzflächen und der veränderten Ernährungsgewohnheiten[7] sowie der steigenden Weltmarktpreise dazu auf, in anderen Ländern in die Landwirtschaft zu investieren. Das staatliche Unternehmen Heilongjiang Beidahuang State Farm Business Trade Group LTD schloss im Oktober 2010 einen Pachtvertrag mit der Provinzregierung Río Negro in Argentinien über 320.000 ha ab. Beidahuang ist der führende Sojaproduzent und einer der fünf größten Sojaverarbeiter in China. Das Unternehmen hat zudem Mastbetriebe mit 600.000 Kühen, 1,3 Mio. Schweinen und 6 Mio. Hühnern. In Río Negro plant Beidahuang in den kommenden Jahren u.a. gentechnisch verändertes Soja anzubauen. Die Vertragsdetails veröffentlichten der Konzern und die Provinzregierung erst ein halbes Jahr nach Abschluss. Zivilgesellschaftliche Gruppen kritisieren den Deal scharf, da dieser ohne vorherige Konsultationen zivilgesellschaftlicher Akteure oder der lokalen Bevölkerung abgeschlossen wurde. Der Vertrag sieht vor, dass Beidahuang eine einmalige Summe von 1,45 Milliarden US-Dollar an die Provinzregierung bezahlt und ein dringend notwendiges Bewässerungssystem installiert. Die Provinzregierung machte im Gegenzug umfangreiche Zusagen an das Unternehmen. Neben einer Steuerbefreiung erhält das Unternehmen kostenlose Büroräume und chinesische Arbeiter. Ingenieure erhalten verbilligte Preise für den öffentlichen Transport und Wohnungen zu vergünstigten Mieten. Die Provinzregierung überließ dem Unternehmen zudem 5 ha des Hafengeländes. Argentinische Medien berichteten, dass chinesische Ingenieure und Arbeiter das Bewässerungssystem bauten und daher für die argentinische Bevölkerung keine Arbeitsplätze entstehen würden. Kritiker befürchten auch, dass der Anbau von gentechnisch verändertem Soja und der Einsatz von Pestiziden zur Verseuchung des Trinkwassers und einer Degradierung der Ackerböden führen werden.

---

[7] Das Verhältnis zwischen Kohlehydraten, Fleisch und Gemüse hat sich in China in den vergangenen zwei Jahrzehnten signifikant verändert und der Konsum von Fleisch verdreifacht.

Fleisch frisst Land

Der Anbau von Soja in der Provinz Río Negro durch das chinesische Unternehmen Beidahuang ist kein Einzelfall. Die Welternährungsorganisation (FAO) geht davon aus, dass sich in Argentinien bereits 10% des Staatsgebiets in ausländischen Händen befinden.

Infobox 4:
Flächenbedarf je Kg

Rindfleisch: ca. 27–49 m²
Schweinefleisch: ca. 9–12 m²
Getreide: ca. 1,3 m²

Quelle: WWF (2011); Hirschfeld, J./Weiß, J. et al. (2008)

Auf den meisten Flächen wird Soja für den Export angebaut. Der industrielle Soja-Anbau in Südamerika findet bereits seit den 1970er Jahren statt und wurde fast ausschließlich von nationalen Großunternehmen getätigt. Soja gehört zu den Pflanzen, die am häufigsten gentechnisch verändert und fast ausschließlich in Monokulturen angebaut werden. So profitieren auch internationale Konzerne wie Monsanto, Syngenta, Bayer und BASF vom Soja-Geschäft. Sie stellen das Saatgut und die dazugehörigen Pestizide zur Verfügung. Das meiste südamerikanische Soja wird nach China importiert, dicht gefolgt von der EU.

Etwa 90% der europäischen Soja-Importe sind für die Tierhaltung bestimmt und werden in Mastbetrieben mit zum Teil mehreren Tausend Hühnern und Schweinen oder Hunderten Rindern als Sojaschrot oder Sojamehl verfüttert. Die Fleischindustrie ist bereits heute aufgrund des enormen Bedarfs an Futtermitteln der größte globale Landnutzer. Weltweit werden auf einem Drittel der landwirtschaftlichen Flächen Futtermittel für die Fleischproduktion angebaut. Allein um den Fleischkonsum in Deutschland befriedigen zu können, wird eine Fläche von der Größe Österreichs benötigt. Da die Länder der EU Flächen außerhalb ihrer eigenen Grenzen für den Futtermittelanbau beanspruchen, kann auch von einem virtuellen Flächenimport gesprochen werden. Der WWF geht davon aus, dass dies für die EU in den vergangenen Jahrzehnten häufig mehr als 30 Mio. ha betrug, wovon sich 20 Mio. ha in Südamerika befanden. Das entspricht in etwa einer Fläche so groß wie Ungarn und Portugal zusammen.

Der Druck auf die Ressource Land wird auch deshalb größer, weil in den Schwellenländern wie China und Indien die Nachfrage nach Fleisch stark ansteigt. In diesen Ländern entsteht eine kaufkräftige Mittel- und Oberschicht, für die Fleisch zum täglichen Essen gehört. Bereits zwischen 1961 und 2009 hat sich die weltweite Fleischproduktion mehr als vervierfacht – von knapp über 70 Mio. Tonnen auf fast 300 Mio. Tonnen. Nach Schätzungen der Welternährungsorganisation FAO könnte der Verzehr von Fleisch aufgrund der wachsenden Weltbevölkerung sowie der zunehmenden Fleischnachfrage in den Schwellenländern bis zum Jahr 2050 von derzeit 375 auf 570 Mio. t ansteigen. Dies bedeutet eine Steigerung von 70% im Vergleich zum Jahr 2000. Da ein Ende des Fleischbooms nicht in Sicht ist, wird sich der Sojaanbau auch zukünftig weiter ausbreiten (WWF 2011; Brot für die Welt 2010).

Energie- und Klimakrise treibt Land Grabbing an

Die International Land Coalition geht davon aus, dass die Agrarkraftstoffproduktion die stärkste Triebkraft für den Wettlauf um Ackerland ist. Auf 57% der Ackerflächen, die in den vergangenen zehn Jahren verkauft oder verpachtet wurden, sollen zukünftig Energiepflanzen für die Agrarkraftstoffproduktion gepflanzt werden.[8] Auf dem afrikanischen Kontinent ist der Anteil von Land für den Anbau von Energiepflanzen mit 65% besonders hoch (Anseeuw et al. 2012).

Die steigende europäische und US-amerikanische Nachfrage nach Agrarkraftstoffen ist eine wesentliche Ursache für diese Entwicklung. In Europa und den USA werden die Kraftstoffe aus nachwachsenden Rohstoffen als Reaktion auf die Energie- und Klimakrise gefördert. Hinter dieser Förderung stehen politische Ziele, die mit der energetischen Nutzung von Biomasse verfolgt werden. Mithilfe der Bioenergie wollen die Regierungen der Industrieländer weniger abhängig von fossilen Energiequellen (insbesondere von Erdöl) werden und gleichzeitig klimaschädliche Treibhausgase reduzieren. Zudem soll der Landwirtschaft neben der Nahrungsmittelproduktion mit der Erzeugung von

---

[8] Biodiesel wird aus Raps, Soja, Ölpalmen, Jatropha oder anderen ölhaltigen Pflanzen hergestellt. Zur Herstellung von Bioethanol als Benzinersatz dienen stärkehaltige Pflanzen wie Mais, Zuckerrohr und Weizen.

Abbildung 2: Weltweite Landnahme nach Sektoren, basierend auf 70 Mio. verifizierten Hektaren

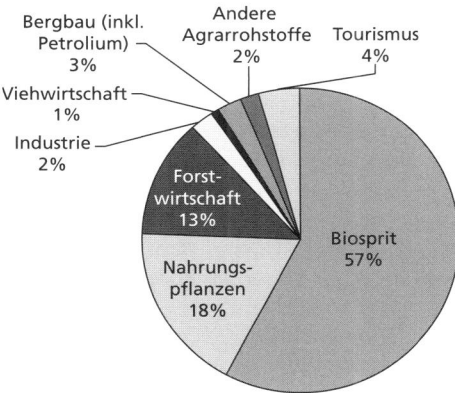

Quelle: Anseeuw et al. 2012

(Bio-)Energie eine zusätzliche Einkommensquelle verschafft werden. Bis zum Jahr 2020 wollen die Länder der EU den Anteil aus erneuerbaren Energien im Verkehrsbereich auf 10% erhöhen. Da alternative Kraftstoffe aus Algen oder biologischen Reststoffen noch nicht für den Massenmarkt produziert werden, soll der überwiegende Anteil dieses Vorhabens über Agrarkraftstoffe wie Biodiesel und Bioethanol erreicht werden, für deren Produktion Energiepflanzen auf Ackerflächen angebaut werden. Um das Ziel zu erreichen, wurden gesetzliche Beimischungsquoten für Agrarkraftstoffe eingeführt. So hat die Bundesregierung beschlossen, dass bis zum Jahr 2014 herkömmlichen Kraftstoffen in Deutschland 6,25% Agrarkraftstoffe beigemischt werden.

Die Netherlands Environment Assessment Agency schätzt, dass zur Erfüllung des 10%-Ziels im Verkehrsbereich etwa 20-30 Mio. ha Ackerland außerhalb der EU gebraucht werden und rund 60% der Agrarkraftstoffe importiert werden müssen, weil die eigenen Landressourcen nicht ausreichen oder für andere Nutzungen »belegt« sind. Neben den USA und den Ländern der EU streben auch Brasilien, Indien und China einen massiven Anstieg der Produktion von Agrarkraftstoffen an.

Neben den Rohstoffen, die auf landwirtschaftlichen Flächen angebaut werden, ist Holz eine äußerst bedeutende Ressource für die energetische und stoffliche Verwendung. Für vielerlei Nutzungen werden mittlerweile große Plantagen angelegt. Den Agrarkraftstoffen der so genannten Zweiten Generation wird eine bedeutende Rolle bei der zukünftigen Energieversorgung zugeschrieben. Zur Zweiten Generation gehören Ethanol, das aus Holz- und Zellulosefasern hergestellt wird und synthetische Kraftstoffe, bei denen in komplizierten industriellen Verfahren die Biomasse zunächst verflüssigt wird, um daraus ein Synthesegas herzustellen, was wiederum in flüssige Kraftstoffe umgewandelt wird. Beide Verfahren benötigen als Rohstoff insbesondere Holz, das möglichst schnell wachsend und gut zu ernten in Plantagen angebaut werden soll. Aber auch die Verbrennung von Holzpellets und Hackschnitzeln zur Erzeugung von Wärme und zum Teil auch Strom gewinnt in Europa an Bedeutung. Damit wird die Nachfrage nach Holz im wahrsten Sinne des Wortes »angeheizt«. In Europa wird deshalb bis 2020 ein Defizit von rund 80 Mio. t Holzbiomasse erwartet, was aus anderen Ländern importiert werden müsste (IIED 2011). Die bisher größten Exporteure von Hackschnitzeln und Pellets sind Kanada, Norwegen, Russland und die Vereinigten Staaten. In diesen Ländern wird aufgrund der zu erwartenden Nachfrage in Europa bereits in neue Verarbeitungskapazitäten investiert. Aber auch andere bisher weniger übliche Exportländer wie Brasilien sind am europäischen Markt für Energieholz interessiert. Selbst in Afrika mehren sich die Anzeichen, dass sich Investoren für Land interessieren, auf dem Holzplantagen errichtet werden können. Neben der scheinbar hohen Verfügbarkeit von günstigem Land spielen aus ökonomischer Sicht dabei auch die höheren Wachstumsraten von Bäumen in tropischen Ländern eine wichtige Rolle.

Fliegen mit Biomasse vom Ackerland

Kein anderer Verkehrssektor wächst so stark und schnell wie der Flugverkehr. Nach Angaben der International Air Transport Association (IATA) nimmt der Flugverkehr derzeit jedes Jahr um 5% zu. Bis zum Jahr 2030 wird es laut Schätzungen doppelt so viele

Flugzeuge geben wie heute. Die ökologischen Folgen des Flugverkehrs sind beträchtlich; denn bereits heute macht der weltweite Flugverkehr einen Anteil von 9% der von Menschen verursachten Treibhausgasemissionen aus. Seit dem Jahr 1990 stiegen die CO_2-Emissionen des Luftverkehrssektors um 87%. Ab dem Jahr 2012 bezieht die EU deshalb die Luftfahrtindustrie in den Emissionshandel mit ein. Alle Fluggesellschaften, die in Europa starten oder landen, bekommen eine bestimmte Menge an Verschmutzungsrechten zugeteilt. Fluglinien, die mehr CO_2 emittieren, als ihnen erlaubt ist, müssen Emissionsrechte hinzukaufen. Die Fluggesellschaften in Europa haben sich selbst das Ziel gesetzt, trotz steigenden Flugverkehrs, den jährlichen CO_2-Ausstoß bis zum Jahr 2020 nicht weiter zu erhöhen und bis zum Jahr 2050 sogar zu halbieren. Um dieses Ziel zu erreichen, erproben mehrere Fluggesellschaften derzeit die Nutzung von Kerosin aus nachwachsenden Rohstoffen und sind auf der Suche nach Anbauflächen und geeigneten Pflanzen. Am 15. Juli 2011 startete der deutsche Konzern Lufthansa auf der Strecke Hamburg–Frankfurt im regulären Flugbetrieb einen Langzeitversuch mit Biokerosin. Im Rahmen des sechsmonatigen Projektes wurde ein Triebwerk zu 50% mit Biokerosin betankt, um die Auswirkungen von Biokraftstoffen auf die Wartung und Effizienz von Triebwerken zu untersuchen. Für den Versuch verwendete Lufthansa Camelina (Leindotter), tierische Fette sowie Öl aus Jatropha, um das Biokerosin zu gewinnen. Die Verwendung von Jatropha für die Biokerosinproduktion wird von Lufthansa damit begründet, dass die Pflanze auch auf marginalen und anspruchslosen Böden wächst und sich zudem nicht als Nahrungsmittel eignet. Eine Konkurrenz zur Nahrungsmittelproduktion könne so vermieden werden und die Ernährungssicherheit der Bevölkerung in den Anbauländern wäre nicht gefährdet. Das von Lufthansa verwendete Jatropha wird seit 2009 von dem Bioenergieunternehmen Sun Biofuels Mozambique, einem Tochterunternehmen des britischen Unternehmens Sun Biofuels, auf 2.000 ha Ackerland in der Provinz Chimoio in Mosambik angebaut. Insgesamt exportierte Sun Biofuels für den Langzeitversuch von Lufthansa dreißig Tonnen Jatrophaöl nach Europa. Die Jatrophasamen wurden zunächst in

Mosambik bearbeitet und anschließend von dem finnischen Konzern Nesteoil in Helsinki raffiniert. Bei dem Ackerboden handelt es sich jedoch keinesfalls um marginalisierten Boden. In Presseberichten wurde ein Manager von Sun Biofuels mit der Aussage zitiert:»Die Idee, dass Jatropha auf marginalem Land angebaut werden kann, ist ein Ablenkungsmanöver. Es wächst zwar auf marginalem Land, aber wenn Sie marginales Land nutzen, erhalten Sie auch marginale Ernten.«[9] In Chimoio hatten Kleinbauern auf dem Land zuvor Nahrungsmittel für den Eigenbedarf angebaut. Im Rahmen von vier Gemeindekonsultationen stimmten die Dorfchefs jedoch der Nutzung des Landes durch Sun Biofuels zu. Im Gegenzug versprach das Unternehmen, Arbeitsplätze zu schaffen sowie Schulen, Krankenstationen und Brunnen zu bauen. Doch viele der Versprechen, wie der Bau von Brunnen, wurden bislang nicht eingehalten. Lufthansa bewertete den Versuch als Erfolg: Die Triebwerke liefen auch mit Biokerosin einwandfrei. Allein die Beschaffung nachhaltig produzierter Rohstoffe stelle ein Problem dar, erklärte die Fluggesellschaft nach Beendigung des Praxistests. Damit wurde das grundsätzliche Problem auch für die Luftfahrtindustrie deutlich: Es gibt nicht genügend nachhaltig produzierte Rohstoffe, um den enormen Bedarf an Kerosin und Kraftstoffen abzudecken (Bahn 2011).

Seitdem viele Industrieländer versuchen, Erdöl und Erdgas durch Bioenergie und andere erneuerbare Energien zu ersetzen, hat die Energieversorgung wieder einen konkreten (Land-) Flächenbezug bekommen. Die Energieträger sollen zukünftig weniger aus dem Erdinneren geholt, sondern in Form von nachwachsender Biomasse direkt auf dem Land erzeugt werden. Die staatliche Förderung von Agrarkraftstoffen durch Subventionen, gesetzliche Beimischungsquoten, Steuererleichterungen und die Perspektive, dass auch Branchen wie die Luftfahrtindustrie zunehmend auf nachwachsende Rohstoffe zurückgreifen werden, haben bei Bioenergieunternehmen zu hohen Renditeerwartungen geführt. Insbesondere europäische Bioenergieunternehmen sind auf der Suche nach neuen Flächen für den Anbau von

---

[9] http://epoverviews.com/articles/visitor.php?keyword=Sun%20Biofuels

Infobox 5: Addax in Sierra Leone: ein Beispiel für den Anbau von Biokraftstoffen und Land Grabbing

Das schweizerische Unternehmen Addax hat in Sierra Leone eine Fläche von 57.000 ha über 50 Jahre gepachtet. Auf 10.100 ha im Norden des Landes wird Zuckerrohr angebaut, um daraus Bioethanol für die Treibstoffproduktion herzustellen. Addax erhielt Land von vielen Kleinbäuerinnen und -bauern, die ihre Flächen unter großen Versprechungen an das Unternehmen verpachteten: 4.000 Arbeitsplätze sowie Schulgebäude, Gesundheitszentren und Straßen sollten in der Region geschaffen werden. Addax stellte den BewohnerInnen für den Konsultationsprozess zur Aushandlung der Vertragsbedingungen zwar teilweise Rechtsanwälte zur Seite, jedoch hatten sie kaum bis keine Kenntnisse über die Bedingungen des Abkommens und erhielten auch keine Kopie zur Überprüfung. Addax sprach den BewohnerInnen Ersatzflächen zu, die bis zur Übergabe aber nicht fertig gerodet und umgepflügt waren, was in den Erntezeiten zu Nahrungsengpässen bei der Bevölkerung führte. Auch die von Addax geschaffenen Arbeitsplätze ermöglichten es den betroffenen Kleinbäuerinnen und -bauern nicht, ihre Familien vollständig zu ernähren. Als SaisonarbeiterInnen behielt kaum jemand seine Stelle länger als drei Monate. In Gefahr ist mittlerweile auch der Zugang zu sauberem Wasser: Addax leitet für die Bewässerung der Felder zwei Flüsse um, was die NutzerInnen des unteren Flussverlaufs besonders in der Trockenzeit zu spüren bekommen. Bisher haben die Kleinbäuerinnen und -bauern keine Möglichkeit, Veränderungen an ihrer misslichen Lange zu erreichen, weil Beschwerde- und Konfliktlösungsmechanismen fehlen. Welche Verantwortung der Norden in diesem Fall hat, wird durch die Rahmenbedingungen des Projekts offenkundig: 52% der Kosten des Projekts wurden von verschiedenen Entwicklungsbanken finanziert, darunter die Deutsche Entwicklungs- und Investitionsgesellschaft (DEG). Die Ethanolherstellung ist für Addax nur durch den Export in die EU profitabel (Abiwu/Anane: 2011).

Energiepflanzen und nehmen dabei Länder in Afrika, Asien und Südamerika mit ihren klimatisch günstigen Bedingungen und verfügbaren Arbeitskräften ins Visier. So erwarb das englische Unternehmen Sun Biofuels etwa 8.000 ha in Tansania, 5.000 ha in Mosambik sowie mehrere Tausend Hektar in Äthiopien. Allein in Mosambik wurden innerhalb von fünf Jahren (2004–2009) 2,7 Mio. ha Ackerland an private Investoren übertragen. Doch die Nachfrage ist ungebrochen. So berichteten mosambikanische

Regierungsvertreter, dass sich allein Bioenergieunternehmen um die Rechte für 4,8 Mio. ha beworben haben – das entspricht einem Siebtel des in Mosambik insgesamt verfügbaren Ackerlandes. Viele der Bioenergieunternehmen, die in Afrika investieren, sind kleine oder mittelständige Unternehmen. Angeregt durch die großen Gewinnversprechen in der Bioenergiebranche und der politischen Förderung von Agrarkraftstoffen sind viele Unternehmer in die Landwirtschaft eingestiegen, die kaum über Erfahrungen in der Bewirtschaftung von Ackerland verfügen (Friends of the Earth 2010; Weltbank 2011).

Das eigene Land reicht nicht aus

Neben Energie werden auch viele andere Produkte aus Erdöl hergestellt. Die meisten Kunststoffe basieren auf Erdöl. Wie bei der Energie gibt es auch hierzu Strategien und Technologieentwicklungen in den Industrieländern, um diese Produkte auf nachwachsende Rohstoffe umzustellen. Vor allem aus stärke- und zellulosehaltigen Pflanzen wie Mais, Zuckerrüben und Holz kann »Bioplastik« hergestellt werden. Damit wird ein zusätzlicher und stetig wachsender Bedarf an Anbaufläche erzeugt. Schon heute nehmen die chemische Industrie und die verarbeitende Nahrungsmittelindustrie riesige Flächen zum Anbau von Agrarrohstoffen in Anspruch. Palmöl, das in der öffentlichen Diskussion meistens im Zusammenhang mit Agrarkraftstoffen erwähnt wird, wird zu einem ganz überwiegenden Teil als Zusatzstoff in verarbeiteten Nahrungsmitteln, zur Erzeugung von Kosmetika und Reinigungsmitteln sowie als Grundstoff für diverse Chemikalien verwandt. Laut der Fachagentur Nachwachsende Rohstoffe (FNR) wurden 2010 nur 4,7% des weltweit erzeugten Palmöls (53 Mio. t) für energetische Zwecke (Agrarkraftstoffe, Wärme und Strom) genutzt. 71,1% fielen auf die Erzeugung von Nahrungsmitteln (z.B. Salat- und Kochöl sowie Margarine) und 24,2% auf die chemische Industrie (z.B. Seifen, Kosmetika und Kerzen).

Die hohe Nachfrage nach Agrarrohstoffen und anderen Ressourcen in den Industrieländern ist schon seit langer Zeit nicht mehr mit eigenen Landflächen zu decken. Spätestens seit der Diskussion über die Bioenergie und ihre Folgen für die globale Landnutzung ist deutlich geworden, dass die Industrieländer zum Teil erhebliche Landflächen in anderen Regionen beanspruchen, um ihre Konsumwünsche zu erfüllen. Anders formuliert: Die Industrieländer importieren Land aus anderen Regionen und exportieren gleichzeitig die (möglicherweise) problematischen Folgen dieser Landbeanspruchung wie Landdegradation, Wassermangel oder Konflikte zwischen verschiedenen Landnutzern.

Eine Studie von SERI (Lugschitz et al. 2011) hat ermittelt, dass Europa im Vergleich mit anderen Kontinenten in besonders hohem Maße abhängig von diesem so genannten importierten Land ist. Fast 60% des Landes, das zur Deckung des europäischen Bedarfes an Produkten aus der Land- und Forstwirtschaft notwendig ist, liegt außerhalb von Europa. Dabei zählen sechs der weltweit am meisten von Landimporten abhängigen Länder zur EU: Deutschland, das Vereinigte Königreich, Italien, Frankreich, die Niederlande und Spanien. England und Deutschland »importieren« jedes Jahr jeweils knapp 80 Mio. ha Land. Das ist ein Vielfaches der deutschen Agrarfläche, die etwa 17 Mio. ha beträgt.

Wenn man diese Zahlen pro Kopf darstellt, zeigt sich ein interessantes Bild: Der durchschnittliche EU-Bürger verbraucht für seine Bedürfnisse etwa 1,3 ha Land, während in aufstrebenden Schwellenländern wie China und Indien der Pro-Kopf-Verbrauch bei nur 0,4 ha liegt. Im Vergleich zu einem Bangladeschi konsumiert ein EU-Bürger sogar sechs Mal so viel Land (Lugschitz et al. 2011). Es ist davon auszugehen, dass mit der politisch gewollten, aktuell voranschreitenden Umstellung von fossilen auf nachwachsende Rohstoffe insbesondere bei der Energieversorgung der Flächenimport weiter zunehmen wird.

Klimaschutz verschärft Druck auf Ackerland

Die Produktion von Nahrungsmitteln, Agrarkraftstoffen und Futtermitteln ist eine zentrale Triebkraft für Investitionen in Ackerland. Doch neuere Studien (Anseeuw et al. 2012; Oxfam 2011) betonen, dass ein alleiniger Fokus auf diese Faktoren der Komplexität von Land Grabbing nicht gerecht werde. Die Aneignung von Land für die industrielle Produktion von Holz, für den Abbau von Bodenschätzen, für Industriezwecke (z.B. Schaffung von

Freihandelszonen mit Fabriken), für Tourismusprojekte (z.B. Hotelresorts) oder Klimakompensationsprojekte dürfe nicht außer Acht gelassen werden. Einzeln betrachtet erscheinen sie zunächst als wenig ausschlaggebende Faktoren für den Wettlauf um die Ressource Ackerland. Doch zusammengenommen sind ein Viertel der von Land Grabbing betroffenen Flächen diesen Faktoren zuzuordnen und tragen somit zu einer Verschärfung des Drucks auf Ackerland bei.

Die Rolle der im Zusammenhang mit Internationalen Klimaschutzabkommen entstandenen Kohlenstoffmärkte hat bislang wenig öffentliche Aufmerksamkeit im Zusammenhang mit Land Grabbing erhalten. Analysen gehen jedoch davon aus, dass in Zukunft aufgrund von marktorientierten Klimaschutzmaßnahmen wie dem *Clean Development Mechanism* (CDM) oder dem *Reduced Emissions from Deforestation and Degradation* (REDD) Instrument Ackerland und Waldbestände stärker in den Fokus von Investoren geraten werden. Die Landmatrix Partnership schätzt, dass auf etwa 13% des in den letzten zehn Jahren verkauften oder verpachteten Ackerlands Forstwirtschaft betrieben werden soll und darunter viele Klimakompensationsprojekte sind (Anseeuw et al. 2012).

Der im Kyoto-Protokoll[10] vorgesehene CDM ermöglicht es Industrieländern bzw. Unternehmen aus Industrieländern, Teile ihrer Verpflichtung zur Reduzierung ihrer Treibhausgasemissionen durch Klimaschutzprojekte in Schwellen- und Entwicklungsländern zu erfüllen. Dies können Investitionen in den Bau eines Staudamms in China oder Brasilien sein, um mittels Wasserkraft Strom zu erzeugen. Die dadurch eingesparten Emissionen können dann dem jeweiligen Investor angerechnet werden, der

---

[10] Das Kyoto-Protokoll legt für Industriestaaten für die Zeit von 2008 bis 2012 Emissionsminderungsziele fest. Deutschland hat sich dabei zu einer Reduktion von 21% gegenüber 1990 verpflichtet. Doch das Kyoto-Protokoll zwingt die Unterzeichnerstaaten nicht, diese Reduktionen im Inland zu erreichen und sieht verschiedene Umverteilungsmechanismen wie das CDM vor. CDM-Projekte erfreuen sich steigender Beliebtheit. Während 2006 654 Projekte registriert waren, sind es Mitte 2010 schon 2.236 Projekte. Weitere 4.200 Projekte befinden sich in der Pipeline (BUND 2011).

so seine Ziele zur Emissionsreduktion (sei es unter dem Kyoto-Protokoll oder im Rahmen des EU-Emissionshandelssystems) günstiger erfüllen kann. Mit den Investitionen in Klimaschutzprojekte ist die Hoffnung verbunden, dass Gelder für die Verbesserung des Klimaschutzes in die Entwicklungsländer fließen und ein Technologietransfer aus den Industrieländern erfolgt, um damit Energieversorgung, die industrielle Produktion oder auch die Verkehrssysteme in den ärmeren Ländern zu modernisieren. Doch Umwelt- und Entwicklungsorganisationen befürchten, dass der CDM die Hauptverursacher des Klimawandels davor verschont, ihren eigenen Verpflichtungen zur Reduzierung von Treibhausgasen nachzukommen. Sie kritisieren zudem, dass die CDM-Projekte die Nachfrage nach Ackerland befördern und sich Landnutzungskonflikte zuspitzen. Für den Bau von Staudämmen müssen häufig Menschen umgesiedelt oder fruchtbares Ackerland zerstört werden. Ein Beispiel mit deutscher Beteiligung ist der Xiaoxi-Staudamm in China, der zu Vertreibung und Verarmung von über 7.000 Menschen beigetragen hat. Der Staudamm wurde von dem deutschen Energiekonzern RWE mitfinanziert, der Teile seiner CO_2-Reduktionsverpflichtung unter dem EU-Emissionshandel darüber erfüllen konnte. Der Bau des Staudamms wurde auch von der Bundesregierung als CDM-Projekt zur Treibhausgasreduzierung akzeptiert (BUND 2011).

Im Rahmen des CDM können unter bestimmten Bedingungen auch Aufforstungs- und Wiederaufforstungsprojekte angerechnet werden, mit deren Hilfe Kohlenstoff, der durch Industrieanlagen in Form von Kohlendioxid in die Atmosphäre gelangt, durch Holzbiomasse wieder gebunden (»sequestriert«) wird. Hierzu gibt es nicht ganz unumstrittene Berechnungs- und Kompensationsmodelle. Die britische New Forest Company (NFC) hat sich bei den Vereinten Nationen für die Zulassung eines CDM-Projektes für die Errichtung einer Eukalyptus- und Pinienplantage in Uganda beworben. Das Unternehmen möchte über den Anbau CO_2-Zertifikate erhalten, die dann auf den internationalen Kohlenstoffmärkten profitabel gehandelt werden können. NFC betont, dass es eine »sozial orientierte und zukunftsfähige Forstwirtschaft« betreibe, und erhält Kredite von der Weltbank-Tochter International Finance Corporation (IFC) sowie der Europäischen Entwicklungsbank. Die entwicklungspolitische Organisation Oxfam berichtet, dass NFC im Jahr 2005 durch die Nationale Waldbehörde Ugandas die Genehmigung für die Nutzung des Landes in den Bezirken Koboga und Mubende bekam. Die Landnutzungsrechte wurden ohne vorherige Konsultationen der lokalen Bevölkerung an das britische Unternehmen vergeben. Nach Aussagen von Oxfam wurden im Jahr 2010 mehr als 20.000 AnwohnerInnen von ihrem Land zum Teil brutal vertrieben. Ob NFC die Verifizierung der CDM-Zertifikate trotz der Berichte über Vertreibungen und Anklagen der Zivilgesellschaft erhält, ist noch offen (Oxfam 2011).

Auch die Maßnahmen des REDD-Programms sollen zukünftig zu Emissionsreduzierung führen. REDD steht für *Reduced Emissions from Deforestation and Degradation (dt.* Minderung der Emissionen aus Entwaldung und Waldschädigung) und ist ein Programm zur Einbeziehung von Wäldern in den Klimaschutz, das unter der Klimarahmenkonvention (UNFCCC) diskutiert, aber bisher nur in privaten Initiativen (u.a. durch die Weltbank) praktisch umgesetzt wird. Die Zerstörung und Abholzung von Wäldern machen zwischen 17 und 25% aller durch den Menschen verursachten Kohlendioxidemissionen aus. REDD sieht vor, Waldflächen in Entwicklungs- und Schwellenländern unter Schutz zu stellen und den Kohlenstoff, der dadurch nicht in die Atmosphäre gerät, monetär zu vergüten.[11] Damit soll ein finanzieller Anreiz zum Erhalt von Wäldern und ihren Kohlenstoffvorräten geschaffen werden. REDD wurde im Laufe der Diskussion zu REDD+ erweitert, das u.a. Schutzmanagement, soziale Aspekte und Zuwachs von Kohlenstoffvorräten (ggf. durch Maßnahmen zur Waldverdichtung) einbezieht.

---

[11] Die Modalitäten der Finanzierung, Kontrolle und Umsetzung sind bislang nicht verbindlich geregelt. Es gibt bereits verschiedene Initiativen, um Voraussetzungen für REDD+ zu schaffen und es zu erproben (z.B. Forest Carbon Parnterhship Facility; UN-REDD). Inwieweit REDD+ künftig in den Katalog der rechtsverbindlichen Klimaschutzinstrumente aufgenommen wird, hängt von den Verhandlungen über ein Post-2012-Klimaschutzabkommen ab.

Kritiker von REDD+ sehen enorme Risiken durch das Programm und befürchten, dass sich Konflikte um Landbesitz und Rohstoffe verschärfen werden. Schätzungen gehen davon aus, dass weltweit 350 Mio. Menschen in oder am Rande von Wäldern leben. Unter ihnen sind viele Indigene, für die der Wald als Existenzgrundlage dient. Sie sammeln im Wald Früchte, jagen Tiere oder betreiben auf kleinen Flächen Landwirtschaft. Wenn Wälder zukünftig als lukrative Kohlenstoffreservate gesehen und auf internationalen Kohlenstoffmärkten gehandelt werden, sind die Rechte und Traditionen dieser Menschen bedroht. Zudem wird befürchtet, dass mit Aufforstungsprogrammen im Rahmen von CDM der Nahrungsmittelanbau verdrängt wird. Durch die finanziellen Anreize unterschiedlicher Klimafonds kann es für Investoren zukünftig lukrativer sein, Holz anzupflanzen als Nahrungsmittel. Auch hier stellt sich die Frage, wofür zukünftig weltweit knapper werdende Ackerflächen genutzt werden sollen.

Finanzmarktkrise: Banken und Investmentfonds greifen nach Ackerland

Noch vor wenigen Jahren spielte der Agrarsektor für Anleger auf den Finanzmärkten kaum eine Rolle. Erst die globale Finanzkrise und das Platzen der Immobilienblase in den USA hat das Interesse des Finanzsektors an Ackerland geweckt. Seit 2008 finden rund um den Globus internationale Konferenzen wie die *Global AgInvesting* und die *World Agricultural Investment Conference* statt, auf denen Ackerland und das Agrobusiness als attraktive Geldanlage angepriesen werden. Das Interesse an den Konferenzen ist mit mehreren Hundert VertreterInnen von Banken, Investmentfonds, Agrarkonzernen, Pensionsfonds, privaten Anlegern und Stiftungen trotz Eintrittspreisen von über 2.000 Euro enorm.

Die Akteure des Finanzsektors haben erkannt, dass mit Bevölkerungswachstum, Wüstenbildung, steigenden Nahrungsmittelpreisen, Agrarkraftstoffboom und Klimaschutzprojekten der Druck auf die strategisch wichtigen Ressourcen Land und Wasser steigt, und wittern ein gutes Geschäft mit hohen Renditen. Auch auf der Webseite von der *Global AgInvesting* wird der Agrarsektor als krisensichere Anlagestrategie beworben.

Einer der ersten Fonds, der bereits Ende 2008 großflächig in Ackerland auf dem afrikanischen Kontinent investierte, ist der African Agricultural Land Fund des britischen Investmentunternehmens Emergent Asset. In 14 afrikanischen Ländern hat der Fonds nach eigenen Angaben über 150.000 ha Land erworben und investiert in verschiedene Sektoren wie Getreideanbau, Anbau von Energiepflanzen, Forstprojekte und Tierhaltung. Die Fondsmanagerin Susan Payne trat mehrmals bei den genannten Konferenzen auf und erklärte, dass es derzeit noch unvorstellbar viel ungenutztes Land in Afrika gäbe und die Landpreise im internationalen Vergleich stark unterbewertet wären. Angesichts der ansteigenden Nachfrage nach Agrarrohstoffen könne von einer Wertsteigerung von Ackerland sicher ausgegangen werden: »Wir müssten nicht einmal etwas auf dem Land anbauen und würden Geld verdienen«.

Die OECD schätzt, dass in den vergangenen Jahren 10 bis 25 Milliarden US-Dollar in Agrar- und Landfonds geflossen sind, und geht davon aus, dass sich das Volumen in diesem Sektor zukünftig verdoppeln bis verdreifachen wird. Akteure aus dem Finanzsektor kaufen Land, um es nach zehn Jahren gewinnbringend weiter zu verkaufen. Dabei handelt es sich in der Regel um Land, das aktuell bewirtschaftet wird. 44% der Fonds sind in der EU beheimatet (HighQuest Partners 2010). Nach Angaben der Weltbank sind Anlagefonds mit knapp 30% eine der wichtigsten Akteure im Wettlauf um Ackerland. Allein in Deutschland werden über 30 verschiedene Fonds mit einem Gesamtvolumen von etwa fünf Milliarden Euro angeboten, die direkt oder über Firmenbeteiligungen in Land investieren. Auch die Fondsgesellschaft der Deutschen Bank Gruppe, die DWS-Investment, hat mit dem Global Agricultural Land & Opportunities Fund (GALOF) hat bis heute in 104.000 ha Land u.a. in Sambia, Argentinien, Australien, Tansania und im Kongo investiert. Der Fonds hat ein Volumen von etwa 110 Mio. Euro. Laut Fondsmanagement soll GALOF jährlich 18% Rendite erwirtschaften. Der Gewinn soll über die Zusammenlegung kleinerer Farmen und die damit verbundene Streichung von Arbeitsplätzen sowie durch die allgemeine Wertsteigerung von Ackerland erreicht werden.

Infobox 6: Mit Ackerland die Renten sichern?
Wer glaubt, dass nur Banken und Investmentfirmen ihr Geld in weltweitem Land anlegen, vergisst einen weiteren wichtigen Spieler an den Finanzmärkten: Pensionsfonds. 23 Billionen US-Dollar werden von Rentenfonds in der ganzen Welt investiert, davon fünf bis 15 Milliarden in den Erwerb von Ackerland. Bis 2015 wird erwartet, dass sich diese Zahl sogar verdoppelt. Der Grund für das steigende Interesse liegt an den Gewinnaussichten des internationalen Agrarmarktes. Die zu ernährende Weltbevölkerung wächst, bei knapper werdenden Ressourcen – eine langfristige und sichere Anlage. Auch hierzulande: 2011 kündigte die Ärzteversorgung Westfalen-Lippe an, gemeinsam mit weiteren Pensionskassen aus Schweden und den USA einen mehrere hundert Mio. US-Dollar schweren Agrarlandfonds aufzulegen. 30% des Geldes soll nach Brasilien fließen, wo seit vielen Jahren landlose Bäuerinnen und Bauern für ein kleines Stück Land kämpfen. Die Kunden der Pensionskassen sollten ihren Einfluss nutzen und einfordern, dass ihr Geld nicht in Land angelegt wird (FIAN: 2010b).

Neben direkten Investitionen in Land spielen in Deutschland insbesondere Investitionen über Firmenbeteiligungen eine entscheidende Rolle. Fonds der Deutschen Bank haben in den Jahren 2009 und 2010 in 19 Konzerne investiert, die 11 Mio. ha Land gekauft oder gepachtet haben. Davon befinden sich etwa 3 Mio. ha Ackerland in Südamerika, Asien oder Afrika. Das Investitionsvolumen der Fonds in die Konzerne lag bei mindestens 279 Mio. Euro. Informationen über die Fonds sind aufgrund der undurchsichtigen Investitionsstrategien nur schwer zu erhalten. Manche Fonds halten Anteile an anderen Fonds oder sind an Konzernen beteiligt, die wiederum über Joint Ventures, Tochterunternehmen oder Firmenauslagerungen mit anderen Unternehmen verstrickt sind. Selbst Anleger wissen oftmals nicht, ob ein Fonds in Konzerne investiert, die wiederum Ackerland aufkaufen.

Auf den Webseiten der verschiedenen Fonds erhalten interessierte Anleger den Eindruck, die Anlagestrategie der Fonds würde einen Beitrag zur Hunger- und Armutsbekämpfung leisten. Die Webseite des African Agricultural Land Fund betont, dass die Investitionen in eine nachhaltige Landwirtschaft fließen und in den afrikanischen Ländern Arbeitsplätze geschaffen werden.

Susan Payne behauptet in ihren Vorträgen, dass es sich bei den Investitionen um ein Win-win-Geschäft handelt. Die Veranstalter der *Global AgInvesting* reagierten 2010 erstmals auf die wachsende Kritik an den neuen Geschäften mit Ackerland und boten auf der Konferenz einen Workshop zum »Verantwortungsvollen Investment im Agrarsektor«. Dabei wurde nicht darüber diskutiert, dass beim Anbau von Monokulturen über Tausende von Hektar und beim massiven Einsatz von Pestiziden und Düngemitteln keinesfalls die Rede von einer nachhaltigen Landwirtschaft sein kann.

Verschwiegen wird auch, dass es durchaus zu Vertreibungen von Kleinbäuerinnen und -bauern kommt und die lokale Bevölkerung nicht von den hohen Renditen der Fonds profitiert. So deckte die Menschenrechtsorganisation FIAN auf, dass die DWS über drei Investmentfonds in den thailändischen Zuckerrohrkonzern Khon Kaen Sugar (KSL) investiert und Anteile in Höhe von 10,9 Mio. Euro hält. 2006 erwarb der Zuckerkonzern knapp 19.000 ha Ackerland in der kambodschanischen Provinz Koh Kong. Große Teile des Landes wurden traditionell von lokalen Kleinbauernfamilien zum Anbau von Nahrungsmitteln genutzt. Mithilfe von bestochenen Soldaten und Polizisten vertrieb der Konzern 400 Reisbauern und ihre Familien in Kambodscha von ihren Feldern. Während die betroffenen Familien ihre Lebens- und Ernährungsgrundlage verloren haben, wird das Zuckerrohr nach Europa exportiert. Eine Entschädigung für den Verlust des Ackerlandes haben die Bauern nicht erhalten. In der neu gebauten Zuckerraffinerie dürfen die Betroffenen nur arbeiten, wenn sie ihren Anspruch auf das Land fallen lassen. Die Menschenrechtsorganisation FIAN sieht die DWS als Miteigentümer in der Mitverantwortung, auch wenn sich Finanzinvestoren in der Regel aus dem operativen Geschäft der Konzerne heraushalten (FIAN 2010).

4. Land Deals – wie kommen sie zustande und was steht darin?[12]

Verträge über Ackerland werden in der Regel zwischen finanzstarken Investoren aus den reichen Industrieländern – transnationale Konzerne, Investmentfonds oder Unternehmen, die im Auftrag von Regierungen handeln – und den Regierungen der Entwicklungsländer geschlossen. Aber auch nationale Unternehmen oder Einzelpersonen schließen Kontrakte über Land mit ihren eigenen Regierungen. Oft werden private Unternehmen von ihren Regierungen finanziell bei der Aushandlung von Landnutzungsverträgen unterstützt. Auf politischer Ebene schaffen diese Regierungen über bilaterale Investitions- oder Partnerschaftsabkommen günstige Rahmenbedingungen. Die Abkommen sehen in der Regel für Investoren umfangreiche Schutzklauseln und Vergünstigungen vor. Andere Regierungen sind direkt über Staatsfonds oder halbstaatliche Unternehmen in die Landnahmen involviert oder investieren in private Unternehmen. Diese wiederum kaufen Land auf oder pachten es, um Nahrungsmittel für den Export anzubauen. In einigen wenigen Fällen wird berichtet, dass es direkte »High-level Deals« auf Regierungsebene gegeben hat. So kam es 2002 zu einem Special Agricultural Investment Agreement zwischen den Regierungen Syriens und Sudans. Der Sudan garantierte im Rahmen des Abkommens Syrien die Pacht über 12.600 ha Land für eine Laufzeit von 50 Jahren. Das entspricht etwa der addierten Fläche von Bayern und Niedersachsen.

Die Investoren melden ein Interesse an fruchtbarem Land an und die Regierungen haben entweder schon einen Pool möglicher Landflächen erstellt oder suchen gezielt nach Flächen. In anderen Fällen suchen die Regierungen explizit nach Investoren für ihr Land (wie die Regierung Äthiopiens), um bestimmte Entwick-

[12] Dieses Kapitel stützt sich wesentlich auf eine Studie von Cotula (2011) in der zwölf Land Deals (Kamerun, Äthiopien, Liberia (3), Madagaskar, Mali (3), Senegal und Sudan (2) miteinander verglichen wurden. Darüber hinaus sind Informationen über geschlossene Verträge sehr dünn, da die Texte meist der Öffentlichkeit nicht zugänglich sind.

lungsziele zu verfolgen wie Investitionen in die Landwirtschaft oder Verkehrsinfrastruktur. Dabei kommt den Regierungen zugute, dass ihnen formal meist das gesamte Staatsgebiet gehört, vor allem in Afrika ist dies der Fall. Wenn es Privatbesitz von Land in diesen Staaten gibt, ist dieser rechtlich oft nicht weit genug verankert, als dass der Staat nicht doch darüber verfügen kann. In den Land Deals werden elementare und langfristige Entscheidungen über die Verfügbarkeit und die Nutzung von großen Landflächen gefällt und festgeschrieben.

Wenn die Regierungen den Investoren ein Angebot unterbreiten, wissen sie oft nicht genau, wie und durch wen es aktuell genutzt wird. Hierfür wäre eine regelmäßige und strukturierte Erfassung der Landnutzung bzw. ein entsprechendes Landmanagement nötig, was es in den wenigsten Entwicklungsländern gibt. Zudem ist häufig nicht geklärt, welche Behörde oder Institution für das betreffende Land zuständig ist.

Der Mythos vom »ungenutzten Land«

Aus den unklaren Besitzverhältnissen in Entwicklungsländern und aufgrund der mangelnden Beteiligung der ländlichen Bevölkerung an Landnutzungsentscheidungen ist der Mythos der »marginalen Landflächen« (Marginal Lands) entstanden. Bei offiziellen Schätzungen werden nur die Flächen berücksichtigt, bei denen Klarheit darüber herrscht, wer es bewirtschaftet und wem es gehört. Alles staatliche Land, das keiner offiziellen Landnutzung zugeführt ist, ist dann ein Kandidat für Marginal Land – also Flächen, die als menschenleer und ungenutzt, brachliegend, gelten. Häufig wird dazu angenommen, dass dieses Land »degradiert« ist, also kaum landwirtschaftliche Erträge einbringt. In den Strategien der EU und anderer Staaten, die sich ehrgeizige Ziele für die Produktion von Agrarkraftstoffen gesetzt haben, gelten die Marginal Lands aus Sicht eines nachhaltigen Ausbaus der Biomasseproduktion als besonders zu bevorzugen. Schließlich würde es keine Konflikte mit anderen Nutzungsformen und Anbauprodukten geben. Zudem würde das Land schließlich in eine produktive Nutzung überführt, von der die ansässige Bevölkerung, sofern überhaupt vorhanden, profitieren könne. In vielen Fällen, die durch zahlreiche Einzelstudien belegt sind, hat sich jedoch erwiesen, dass dieses Land durchaus auf vielfältige Art und schon seit langer Zeit genutzt wird. Wenn dort nicht sogar kleinflächiger oder rotierender Ackerbau betrieben wird, der nur in keiner offiziellen Statistik auftaucht, sind viele dieser Marginal Lands eine wichtige Lebensgrundlage für die ländliche Bevölkerung – sei es für die Beweidung mit Vieh, für das Sammeln von Feuerholz, Bauholz oder Medizinalpflanzen oder als Nahrungs- und Wasserquelle. Oft datieren die Statistiken, in denen das Land als »ungenutzt« ausgewiesen ist, auch aus älteren Zeiten und beziehen die sich in der Zwischenzeit vollzogenen Entwicklungen bei Bevölkerungswachstum und Migrationsdynamiken nicht ein. Da viele dieser Daten auf Satellitenauswertungen basieren, kann ohnehin nicht registriert werden, ob das Land nicht doch von Menschen, wenn auch unregelmäßig und weniger intensiv als beim Ackerbau, genutzt wird.

Wer entscheidet über den Land Deal?

Wenn Land Deals geschlossen werden, entscheiden in der Regel zwei Vertragsparteien – Regierungsvertreter und Investoren – über die Zukunft von großen Landflächen, auf oder von denen Hunderte bis Tausende Menschen leben. Die lokale Bevölkerung wird häufig von diesen Deals erst im Nachhinein informiert. Nur wenige Fälle sind bekannt, in denen Investoren mit lokalen Regierungen oder verschiedenen Landbesitzern vor Ort Verträge abschließen. Je »lokaler« die Vertragspartner sind, desto eher kann davon ausgegangen werden, dass auch lokale Bedingungen berücksichtigt und die Akteure vor Ort in die Entscheidungen mit einbezogen werden. Eine rein formale Konsultation der lokalen Bevölkerung kann zwar eine erhebliche Verbesserung der Transparenz über die Land Deals darstellen, kann aber auch erhebliche Mängel aufweisen. Entweder sind die Konsultationen viel zu kurz oder entscheidende Bevölkerungsgruppen (oftmals Frauen) sind vom Verfahren ausgeschlossen. In anderen Fällen werden den Menschen vor Ort schriftliche Dokumente zur Ansicht bereitgestellt, ohne dabei zu berücksichtigen, dass die meisten von ihnen weder lesen noch schreiben können.

Kein Deal ist wie der andere

Was sich zunächst so einfach anhört, ist in Wirklichkeit hochkomplex. Die Land Deals bestehen oft aus einer hohen Anzahl verschiedener Verträge, Nebendokumenten und Abkommen, die sich auf unterschiedliche rechtliche Grundlagen berufen und somit einen unterschiedlichen Rechtsstatus haben können. So bauen einige Verträge auf bestimmten nationalen Richtlinien über die Landnutzung auf oder nutzen bilaterale Abkommen zwischen den Regierungen der Entwicklungsländer und dem jeweiligen Industrieland als Grundlage. In vielen Fällen sind mehrere Behörden der offerierenden Regierung mit verschiedenen Kompetenzen in dem Deal involviert, was die Lage unübersichtlich macht (übrigens auch für den Investor) und zu Missinformationen und Widersprüchen führen kann. Die unübersichtliche Lage öffnet der Korruption Tür und Tor, denn es müssen zahlreiche Absprachen und Übereinkünfte getroffen werden, die meist hinter verschlossenen Türen zustandekommen. In vielen Fällen wurde zudem beobachtet, dass für den Abschluss der Verträge eine sehr kurze Zeitspanne festgelegt wurde, was den Investoren zwar zugutekommen mag, der Transparenz über die getroffenen Entscheidungen, geschweige denn dem Einbezug lokaler und betroffener Akteure, aber deutlich im Wege steht.

Für Außenstehende – und damit sind in vielen Fällen auch die eigentlichen Nutzer des Landes gemeint – ist damit nicht nachvollziehbar, aus welchen Bestandteilen sich der Deal im Einzelnen zusammensetzt, was er konkret besagt und wie er letztlich zustandegekommen ist. Dies alles macht es zum einen schwierig, Land Deals zu systematisieren und zu erfassen, um allgemeine Rückschlüsse ableiten zu können, zum anderen erschwert es Dritten und damit auch denen, die direkt von den Land Deals betroffen sind, die eigentlichen Absprachen und Festschreibungen zu identifizieren, um sie ggf. rechtlich anzufechten.

Auch wenn Investoren Eigenkapital mitbringen, beziehen sie oft andere Geldgeber wie Banken oder Investmentfonds mit ein. Um den Geldgebern Sicherheitsgarantien geben zu können, ist es den Investoren daher wichtig, dass die Investitionen vor nachteiligen politischen Veränderungen im jeweiligen Land geschützt sind. Auf politischer Ebene schaffen Regierungen deshalb immer häufiger über Abkommen, wie z.B. bilaterale Investitionsabkommen oder bilaterale Partnerschaftsabkommen günstige Rahmenbedingungen. Die Abkommen sehen in der Regel für Investoren umfangreiche Schutzklauseln und Vergünstigungen vor. Entsprechende Regelungen können so weit gehen, dass die Regierungen verpflichtet sind, den Investor im Falle einer Gesetzesänderung, die sich negativ auf das Geschäft des Investors auswirken kann, zu entschädigen. Dabei ist es kaum notwendig zu erwähnen, wie problematisch sich dies auf die politische Gestaltungsfreiheit einer Regierung in den vom Land Grabbing betroffenen Ländern auswirken kann. Die libysche Regierung unter Muammar al-Gaddafi unterzeichnete mit der Regierung Malis einen bilateralen Kooperationsvertrag, der u.a. Rahmenbedingungen für Investitionen in Landflächen enthielt. 85% der ausländischen Investitionen in Landflächen werden in Mali durch libysche Akteure durchgeführt. Allein die Firma Malibya Agriculture hält 100.000 ha Ackerland, um Reis und Gemüse für den Export nach Libyen anzubauen. Bereits der Bau von Straßen und Dämmen durch Malibya Agriculture führte in der Region Niger River zu Konflikten, da Viehzüchtern der Weg zu Weideland versperrt wurde. Obwohl die nationale Gesetzgebung vorsieht, dass ausländische Investoren ein Gutachten zu den sozialen und ökologischen Auswirkungen der geplanten Projekte durchführen müssen, wurde dies von Malibya Agriculture ignoriert (GTZ 2009).

Um die Investoren zu ködern, sind die Regierungen sogar bereit, auf eine Reihe von Steuern zu verzichten, die laut nationaler Gesetzgebung bei Investitionen in Land anfallen würden. Besonders schwerwiegend sind dabei die Verträge, in denen die Investoren von Steuern auf die Exportgewinne befreit werden. Das bedeutet, dass die Regierungen überhaupt keinen Anteil an dem auf ihrem Land erwirtschafteten Profit haben, den sie selbst zur Förderung der ländlichen Entwicklung hätten einsetzen können. Insgesamt werden mit solchen Verträgen für die Investoren vorteilhafte Bedingungen auf Jahrzehnte hin festgeschrieben, egal, ob sich an den politischen Plänen oder Prioritäten der Staaten etwas ändert. Die Verträge können sehr unterschiedlich in ihrer Beschaffenheit und Detailgenauigkeit sein. Allein der Seitenumfang gibt im Vergleich Rückschlüsse darüber, wie unterschiedlich die Deals ausgearbeitet sind. Während zwei Beispiele aus Liberia zwischen 40 und 60 Seiten Vertragstext umfassen, kommen andere Verträge wie die in Mali, Sudan, Madagaskar und Kamerun mit zwischen drei und zehn Seiten aus. Der Umfang des zu vergebenen Landes hat in der Regel nichts mit der Länge des Vertragstextes zu tun. Es sind vielmehr die Bestimmungen, wer was bekommt, welche Auflagen der Investor erfüllen muss und wie die lokale Bevölkerung geschützt werden soll, die die Seiten füllen.

Wer bekommt was?

Der Teufel steckt bei der Frage, wer was bekommt und wer davon am ehesten profitiert, im Detail. Schon beim Umfang und dem tatsächlichen geografischen Ort des zu vergebenden Landes ist der Grad der Festschreibung durchaus unterschiedlich. Nicht immer geht aus den Verträgen vollständig hervor, wo sich das Land genau befindet. Manchmal fehlen schlicht exakte räumliche, auf geografischen Informationssystemen oder auf Landvermessung basierende Daten. In zwei untersuchten Fällen in Mali und dem Sudan wurde die exakte Bestimmung des Ortes auf später verschoben, nachdem der Investor eine Machbarkeitsstudie durchgeführt haben würde. Cotula (2011) geht davon aus, dass den Regierungen für solch eine Studie schlicht die Mittel fehlen und sie dies deshalb dem Investor überlassen.

Bei einem Pachtvertrag scheint sich zumindest in Afrika eine Laufzeit von bis zu einem Jahrhundert und selten unter 50 Jahren durchgesetzt zu haben. Diese langen Laufzeiten geben den Investoren eine gute Planungssicherheit und erlauben ihnen, das Land als Spekulationsobjekt zu nutzen. In einigen Fällen kann der Investor sogar die Nutzungsrechte auf andere übertragen (manchmal mit, manchmal ohne Einwilligung des Vertragspartners), was seine wirtschaftlichen Risiken mindert und noch mehr Möglichkeiten für Spekulationen bietet, denn es kann jederzeit ein anderer Investor »einsteigen« und über das Land verfügen.

Ein entscheidender Bestandteil eines Land Deals aus der Sicht der ansässigen Bevölkerung sind die zusätzlichen Auflagen, die ein Investor erfüllen muss. Sie sind letztlich auch die Grundlage für die Rechtfertigung der nationalen Regierungen, warum die Land Deals zur »wirtschaftlichen Entwicklung des Landes« beitragen. Aber genau in diesem Punkt halten sich die Verträge vage. Selbst die Landgebühren, die ein Investor im Falle einer Pacht dem jeweiligen Staat bezahlen muss, sind in der Regel entweder sehr niedrig oder nicht einmal existent – was letztlich heißt, dass der Investor das Land umsonst bekommt. Abgesehen von dem »entgangenem Nutzen« für die nationale Regierung, öffnet dieser Niedrigpreis zudem der Spekulation Tür und Tor. Wenn im Zuge der Landverknappung weltweit der Wert des Landes weiter ansteigt, bieten quasi umsonst erworbene Landflächen einen hohen Anreiz, das Land einfach liegen zu lassen, um auf einen höheren Preis in der Zukunft zu spekulieren. Wäre das Land »besetzt«, z.B. dadurch, dass der Investor unter Einbezug von lokalen Gemeinschaften eine bestimmte Landnutzung auf der Fläche betreibt, wäre es für die Spekulation bzw. Neuinvestition nicht »frei«. Insofern mindert die Niedrigpreispolitik zusätzlich die Chance, dass die ansässige Landbevölkerung an den Landaneignungen in irgendeiner Form partizipieren kann.

Das, worauf die Regierungen in erster Linie schauen, sind die versprochenen, aber in den Verträgen selten definierten oder mit klaren Zeitrahmen verbundenen Investitionen in Infrastruktur und Arbeitsplätze. Dazu zählen Straßen und Gebäude, Bewässerungsanlagen, Industrieanlagen (zum Beispiel zur Verarbeitung der Agrarprodukte). Dabei müssen die Investitionen nicht notwendigerweise auf dem erworbenen Land selbst getätigt werden. Leider ist selten klar definiert, in was, in welchem Umfang und vor allem wann die Investitionen getätigt werden sollen. Manchmal werden die versprochenen Arbeitsplätze sogar beziffert, aber niemand wird dafür belangt, wenn nur ein Teil von ihnen tatsächlich geschaffen wird. In der Regel fehlen notwendige Sanktionsmechanismen, die in Kraft treten würden, wenn der Investor die entsprechenden Auflagen nicht erfüllt und die Versprechungen, wenn überhaupt, nur unzureichend einlöst. Im schlimmsten Falle ist das »Einklagen« der Versprechungen wiederum mit Kosten für die Regierungen verbunden, weshalb sie tunlichst darauf verzichten.

In einigen Fällen kommt es sogar vor, dass auch auf der Fläche selbst keine Aktivitäten entfaltet werden. Die Weltbank (2011) weißt darauf hin, dass die tatsächliche Bearbeitung von erworbenem Land durch die Investoren bislang bei nur etwa 21 % der Projekte realisiert wird und das auch nur auf Teilen der gesamten Fläche. Ein Investor, der sich das Land nur aus Spekulationsgründen angeeignet hat, also vereinfacht ausgedrückt darauf wartet, dass der Wert des Landes weiter ansteigt, um es dann zu verkaufen, hat mitunter gar kein Interesse, es zu bewirtschaften. So kann es zu der absurden Situation kommen, dass der ländlichen Bevölkerung das Land entzogen wird, ohne dass es in einer anderen Form genutzt wird.

Insgesamt ist deutlich geworden, dass es sich bei den Land Deals um ein äußerst ungleiches Kräfteverhältnis handelt. Die Dinge, die für die Investoren von Bedeutung sind wie die Sicherheit der Investitionen, ein niedriger Preis und eine lange und uneingeschränkte Verfügungsgewalt über das Land, finden sich in den Verträgen in aller Deutlichkeit wieder. Genauso werden die steuerlichen Erleichterungen genau festgelegt. Die Aspekte hingegen, die für die Regierungen der Länder wichtig wären, nämlich die klare Definition von Auflagen und Erbringung von Zusatzleistung sowie deren Einklagbarkeit, fehlen oder haben in den Verträgen nur eine untergeordnete Rolle. Man kann, auch wenn es dafür keine eindeutigen Hinweise gibt, ohne Weiteres vermuten, das in vielen Fällen die Verträge von den Investoren selbst geschrieben und von Regierungen der Länder weitgehend akzeptiert werden. Die zum Teil gravierenden Unterschiede zwischen den Deals und ihren Verträgen zeigen zudem, dass es keine Art der Formalisierung von Landaneignungen gibt, nach der sich Vertragspartner richten können. Die Informationen über die Inhalte der Verträge sind nach wie vor sehr dünn, sodass von allem anderen als von Transparenz über das Zustandekommen und die Nutzenverteilung der Land Deals gesprochen werden kann.

5. Die Folgen von Land Grabbing

Um die Folgen besser einschätzen zu können, ist es wichtig, sich noch einmal zu verdeutlichen, was beim Land Grabbing passiert: Das Land, das die Grundvoraussetzung für die Energie- und Ernährungssicherung bildet und dessen Bewirtschaftung unmittelbare Auswirkungen auf die Umwelt hat, wechselt den Besitzer. In den Entwicklungsländern gehörte es vorher meistens dem Staat (Afrika) oder einem Großgrundbesitzer (wie häufig in Lateinamerika) und wurde von einer Vielzahl von Menschen genutzt. Nur fällt es in die Hände eines Investors oder einer Investorengruppe, die, je nach Art des Vertrages, rechtmäßige Besitzer des Landes werden oder weitreichende Verfügungs- und Nutzungsrechte über das Land erhalten.

Fast unabhängig davon, was konkret angebaut wird, folgt die Landnutzung in aller Regel dem Muster einer industriellen und auf Profitmaximierung ausgerichteten Landwirtschaft. Das heißt konkreter, dass möglichst viel Ertrag (und Geld) von der Fläche geholt und gleichzeitig die Kosten (vor allem für Arbeitsplätze) so gering wie möglich gehalten werden sollen. Dabei verfügen die Investoren über Kapital, das sie zur Industrialisierung der Landwirtschaft einsetzen können, z.B. zur Abholzung und Beseitigung von Wald und Gehölzen, zur maschinellen Bodenbearbeitung, zum Einsatz von Dünger, Pestiziden und Bewässerung, um den Ertrag zu steigern und zum Transport des Anbauprodukts in die zahlungskräftigen Regionen der Welt.

Dem gegenüber steht bzw. stand ein Modell von extensiver und vielfältiger Nutzung, bei der die Arbeitskraft viel stärker im Fokus steht. Dadurch wird der Mangel an Kapital für den hohen Faktoreinsatz von Maschinen und Betriebsmitteln kompensiert und gleichzeitig einer Vielzahl von Menschen ein Auskommen ermöglicht. Die Produkte, die nicht notwendigerweise allein aus dem Ackerbau stammen, decken zahlreiche Bedürfnisse der lokalen Bevölkerung. Die Produkte verlassen demnach zu einem viel geringeren Umfang den Raum, an dem sie produziert oder gesammelt werden. Vereinfacht ausgedrückt wird eine Landnutzung zum Nutzen vieler durch eine Landwirtschaft zur Profitmaximierung einzelner abgelöst – und dies hat vielfältige Folgen.

Lokale Gemeinschaften, Kleinbäuerinnen und -bauern müssen weichen

In zahlreichen dokumentierten Fällen aus Asien, Afrika und Lateinamerika mussten Menschen den Investoren weichen und wurden umgesiedelt. Abgesehen davon, was es für eine Gemeinschaft oder ein Dorf psychologisch bedeutet, an einen anderen Ort versetzt oder sogar gewaltsam vertrieben zu werden, verlieren die Menschen den Zugang zu den Ressourcen, die ihr Überleben sicherten, wie Brenn- und Bauholz, Nahrungsmittel, Wasser und Siedlungsraum. Kompensationen für diese Verluste sind selten oder unzureichend. Oftmals versprechen die Investoren, durch die neue Landbewirtschaftung Arbeitsplätze zu schaffen, doch in der Regel sind die Versprechungen viel höher als das, was wirklich umgesetzt wird. So handelt es sich bei vielen Beschäftigungen um Saisonarbeit, das heißt, die Angestellten haben nur für eine bestimmte Zeit während eines Jahres ein Auskommen. Außerdem sind es nicht notwendigerweise die Menschen, die aus dem Gebiet vertrieben wurden, die eine Anstellung bekommen. Einige Investoren, zum Beispiel in vielen chinesischen Projekten, bringen ihre eigenen Arbeitskräfte mit. Um die Produktionskosten gering zu halten, versuchen Agro-Business-Firmen, vor allem beim Arbeitslohn und bei der Arbeitssicherheit zu sparen. So gibt es oft keine Schutzkleidung für die Arbeiter, die mit giftigen Pestiziden arbeiten. Dabei wird häufig vergessen, dass es auch kulturell keine Selbstverständlichkeit ist, dass Kleinbäuerinnen und -bauern, die bisher von ihrem eigenen Land ihre Familie ernährt haben, nun auf einmal für ein transnationales Unternehmen arbeiten sollen. Die kulturelle Verankerung der Landwirtschaft in der Lebensweise der Menschen wird auch dann zerstört, wenn sie vom Investor mit Jobs »versorgt« werden. Sie geraten dadurch in ein Abhängigkeitsverhältnis, in dem Selbstbestimmung und der Zusammenhalt lokaler Gemeinschaften kaum eine Rolle mehr spielen. Die Arbeitsbedingungen auf Plantagen sind häufig schlecht und arm an Abwechslung.

Hierzu ein ehemaliger Arbeiter auf einer Palmölplantage des Konzerns Exportadora del Atlántico in Honduras (aus Oxfam 2011): »Ich arbeitete acht Stunden am Tag auf einer Palmölplantage. Wenn ich mein Soll nicht erfüllte, musste ich Überstunden machen. Es war sehr harte Arbeit. Es war sehr heiß und sie gaben uns gerade mal 15 Minuten Pause, um zu essen und Wasser zu trinken. Danach konnten wir nur noch Wasser aus den Pfützen trinken. Wir konnten keine soziale Sicherung in Anspruch nehmen. Wir konnten auch keine Gewerkschaft gründen oder um Gehaltserhöhung bitten, weil sie uns sofort rausgeschmissen hätten. Sie versuchten, uns weiszumachen, dass Plantagen Jobs für alle garantieren und für ein besseres Leben sorgen. Was sie jedoch für uns brachten, war Arbeitslosigkeit und Armut.«

Im schlimmsten Fall, wenn Menschen in Entwicklungsländern von ihrem Land vertrieben werden, haben sie nur noch eine Wahl: Sie müssen in die Städte migrieren und landen dann meistens in Slums, wo auf sie in der Regel ein menschenunwürdiges Leben wartet. Aber selbst wenn das eigentliche Land, auf dem sie leben, ihnen erhalten bleibt, kann es zu entscheidenden Einschränkungen führen, wenn das umliegende oder benachbarte Land an die Investoren fällt. Wenn es sich zum Beispiel um Viehhalter handelt, die weite Strecken mit ihren Tieren zurücklegen müssen, um Weideland oder Wasserstellen zu erreichen, können groß angelegte Landkäufe sie zur Aufgabe zwingen. Die neu entstehenden Plantagen der Investoren sind oft eingezäunt und Wege werden den Viehaltern versperrt.

Auch Wasser wird »gegrabbt«

Viele Investoren erwerben beim Kauf von Land die Rechte zur Wasserentnahme gleich mit oder sie wird in den Verträgen nicht eingegrenzt. Wenn das Land an einem Fluss liegt, können Bäuerinnen und Bauern, die weiter stromabwärts ihr Land bestellen und auf Bewässerung angewiesen sind, erheblich getroffen werden. Die groß angelegte und industriell betriebene Landnutzung der Agro-Business-Firmen erfordert oft riesige Mengen an Wasser. Sie werden unbegrenzt dem Fluss entnommen und können den Wasserpegel stromabwärts erheblich absinken lassen. Auch kommt es zu Wasserverunreinigungen durch den Einsatz von Pestiziden. Meistens haben die Betroffenen keine Verfügungsrechte, die sie bei einem Gericht oder einer Behörde geltend machen können. Eine Studie hat kürzlich gezeigt, dass nationale Regierungen in Entwicklungsländern dazu tendieren, Wasserrechte zu vergeben. Allerdings ist es äußerst fraglich, ob neben den Großinvestoren, die große Mengen von Wasser verbrauchen, auch kleine Nutzer mit diesen Rechten ausgestattet werden sollen (Cotula/Skinner 2011).

Frauen und Indigene leiden am meisten

Frauen produzieren bis zu 80% der lokal hergestellten Nahrungsmittel, sammeln Brennholz und Wasser, kümmern sich gleichzeitig um die Kinder und versorgen die Alten. Allerdings verfügen sie über deutlich weniger (Land-)Rechte als Männer und sind deshalb von den Landakquisitionen besonders betroffen. Landtitel und -rechte werden in vielen Ländern immer noch traditionsgemäß an Männer verliehen, die diese bei ihrem Tod auch an verwandte Männer vererben. Dies führt zu einem Abhängigkeitsverhältnis der Frauen und gefährdet die Sicherheit der Familie. Der Land Deal wird in der Regel mit Männern gemacht, die auch das Geld aus dem Deal einnehmen und dies nicht unbedingt zur Verbesserung der Familiensituation einsetzen. Die Frauen haben dann das doppelte Nachsehen: Ihnen wird mit dem Land die Versorgungsgrundlage für die Familie entzogen und sie profitieren nicht einmal von den Einnahmen des Landverkaufs.

Die Rechte von indigenen Völkern, eingeschlossen ihrer Rechte auf Land, sind in vielen Ländern nur schwach verankert. Dieser Umstand macht sie besonders verwundbar gegenüber Landnahmen, denn das von ihnen genutzte Land kommt aufgrund des schwachen Rechtsstatus besonders schnell in den Fokus der Investoren. Da auch die Regierungen nicht immer daran interessiert sind, die Rechte der Indigenen zu schützen, haben Investoren oft leichtes Spiel. Die indigenen Völker sind dann gezwungen, sich mit allen Mitteln Gehör zu verschaffen und Widerstand zu mobilisieren, um so für ihre Rechte einzutreten. So zeigt es ein Beispiel aus Peru, in dem die Shawi Indigenas gerade noch rechtzeitig da-

Infobox 8: Land Grabbing im Tana Delta (Kenia)

Kenia gehört zu den ärmsten Ländern der Welt. 56% der Bevölkerung leben in absoluter Armut. 80% der Menschen in Kenia sind zur Sicherung ihres Lebensunterhaltes von der Landwirtschaft abhängig, aber nur 9,2% des Landes sind ackerbaulich bewirtschaftet. Kleinbäuerinnen und -bauern nehmen eine wichtige Stellung bei der Ernährungssicherung ein. Sie produzieren allein 70% der Ackerfrüchte. Das Delta des Tana River, dem größten Fluss Kenias, ist aufgrund seiner Wasserversorgung und der fruchtbaren Böden ein bedeutendes Gebiet für den Ackerbau. Genau für dieses Gebiet, in dem rund 200.000 Menschen leben, plant die kenianische Regierung, Landrechte an ausländische Investoren zu vergeben. So sollen rund 40.000 ha an die Regierung von Katar verpachtet werden, die dort Ackerbau für den eigenen Bedarf betreiben will. Weitere 16.000 ha sollen für eine Public-Private-Partnership Unternehmung zwischen dem größten kenianischen Zuckerhersteller und der staatlichen Tana Athi River Development Authority (TARDA) für den Anbau von Zuckerrohr zur Agrarkraftstoffproduktion bereitgestellt werden. Das würde bedeuten, dass Gemeindeland, was vorher in der Verantwortung der lokalen Verwaltung stand, abgezäunt und in Plantagen überführt werden würde. Mehr als 25.000 Menschen in 30 Dörfern wären dadurch akut von Vertreibung bedroht. Bei der Umsetzung beider genannter Projekte würden mehrere Zehntausend Kleinbäuerinnen und -bauern des Pokomo Stamms, die seit Generationen das Land für Ackerbau und als Weideland nutzen, ihr Land verlieren und damit den Zugang zu ihrer Nahrungsversorgung. Dazu kommt, dass für die Plantagen Entwässerungen durchgeführt werden müssen, wodurch die Kleinbäuerinnen und -bauern zahlreiche Wasserstellen zur Beweidung ihres Viehs verlieren würden.

Quelle: FIAN (2010a)

von erfahren haben, dass die peruanische Regierung 72.000 ha ihres Landes für 0,8 US-Dollar pro Hektar an den koreanischen Konzern ECOAMERICA verkaufen wollte. Die Shawi brachten den Fall in die Öffentlichkeit und bauten so den notwendigen politischen Druck auf. Von der Existenz der entsprechenden Provinzbehörde, die den Deal eingefädelt hatte, hatten die Shawi zuvor noch nie gehört. Zwar erkennt die peruanische Verfassung die Existenz der Indigenen an und vergibt ihnen zum Teil auch Landtitel. Im Besitz ihres Landes sind die Shiwas jedoch nicht. Die bürokratischen Prozesse zur vollständigen Anerkennung ihrer Landrechte sind extrem langwierig und können entsprechend leicht unterminiert werden. Eine Entscheidung über den Deal mit dem koreanischen Konzern steht noch aus.[13]

Mit dem Anstieg des Drucks auf die globalen Landflächen mehren sich weltweit die gewalttätigen Auseinandersetzungen um Land. Dort, wo sich Widerstand formiert und die Menschen sich nicht ohne Gegenwehr von ihrem Land vertreiben lassen, kommt es zu Landkämpfen. Besonders drastisch zeigen dies auch die Umstände in Kambodscha. Dort wurden in den letzten Jahren über 3 Mio. ha Land verteilt, davon wollen Investoren auf 1,1 Mio. ha Agrarprodukte großflächig anbauen. Kambodscha hat nur 4,6 Mio. ha zur Verfügung, die überhaupt für die Landwirtschaft geeignet sind. Davon wurden 1999 bereits 3,9 Mio. ha genutzt. Diese »Neuverteilung« hat in vielen Teilen des Landes zu Konflikten geführt. Laut Schätzungen sind in Kambodscha 150.000 Menschen von Vertreibungen bedroht. Das Land wird zum Teil an inländische Großfirmen per Konzession vergeben, die mit der politischen Elite des Landes in enger Verbindung stehen. Trotz Protesten werden mit Bulldozern ganze Wälder niedergewalzt und auch vor heiligen Tempeln nicht haltgemacht. Durch groß angelegte Umleitung der Wasserversorgung mit Kanälen für den Anbau von Zuckerrohr sind mehrere Fischergemeinden vom Wasser abgeschnitten. (Herre 2010, 2011).

Falsche Entwicklung für die Länder des Südens

Eines der Hauptargumente der Befürworter von groß angelegten Investitionen in Land ist die damit in Verbindung gebrachte wirtschaftliche Entwicklung des jeweiligen Staates. In einem Land, in dem Armut und hohe Arbeitslosigkeit herrschen und in dem die Landwirtschaft der wichtigste Wirtschaftssektor ist, so die Argumentation, können nur Investitionen helfen, die Effizienz der Landnutzung und damit die Versorgung der Bevölkerung zu verbessern. Außerdem würden mit den Investitionen langfristige Arbeitsplätze geschaffen. Die Frage ist allerdings, ob diese Art der

---

[13] Mehr dazu: http://farmlandgrab.org/post/view/18688

Infobox 9: Palmölplantagen in Tayan Hulu (Indonesien)

Über die negativen Auswirkungen von Palmölplantagen auf die Entwaldung der Regenwälder und die Menschen, die von den Wäldern leben, wurde im Zuge des Agrarkraftstoffbooms bereits viel berichtet. In Indonesien sind die Ausweitung der Palmölplantagen nach wie vor Grund von Hunderten von Landkonflikten, die von der Organisation Sawit Watch regelmäßig dokumentiert werden. In West-Kalimantan in der Region Tayan Hulu ist den Bewohnern von 11 Dörfern in den 1990er Jahren versprochen worden, Schulen, Gesundheits- und Wasserversorgung aufzubauen, wenn sie für 35 Jahre ihr Land an eine Joint Venture Firma mit dem Namen PT. Menara AlfaSemesta (PT. MAS) abtreten würden. Jede Familie stellte der Firma 7,5 ha zur Verfügung, von denen 2 ha an die Familie für ihre eigene Palmölproduktion zurückgegeben werden sollten. 15 Jahre später zeigt sich, dass den Familien durchschnittlich nur 1,2 ha zurückgegeben wurde, was in der Regel nicht genug Ernte abwirft, um zu überleben. Hinzu kommt, dass die meisten Versprechungen zum Infrastrukturaufbau nicht eingelöst wurden und dass das Land nach den 35 Jahren Pacht automatisch an den Staat zurückfällt, der die Pacht dann um weitere 95 Jahre verlängern kann. Darüber wurden die Menschen in Tayan Hulu allerdings nicht informiert. Nachdem die Firma auf Anfragen der Bewohner nicht reagierte, blockierten einige die Zugangsstraße zur Palmölplantage, was zu mehreren Festnahmen führte. Die Firma ist bis heute nicht bereit, auf die ursprüngliche Vereinbarung der Landrückgabe einzugehen und verfolgt hingegen weitere Expansionspläne zum Ausbau der Ölpalmplantagen.

Quelle: Oxfam (2011): Land and Power. The growing scandal surrounding the new wave of investments in land.

Investition den Ländern des Südens tatsächlich nützt und welche Art der »Entwicklung« damit vorangetrieben wird. Wie weiter oben bereits ausgeführt, wird mit den Investitionen ein bestimmtes (westliches) Modell der Landwirtschaft in diese Länder quasi importiert. Es ist ein Modell, das viel Kapital benötigt und mit wenig Menschen bzw. Arbeitskräften auskommt. In den Ländern des Südens liegen aber genau umgekehrte Verhältnisse vor: In der Regel gibt es einen Mangel an (Finanz-)Kapital und einen Überschuss an Arbeitskräften. Das bedeutet, dass mit dem Modell der Investoren viel Geld pro Hektar eingebracht wird, aber wenige Menschen pro Hektar arbeiten. Was diese Länder aber brauchen, sind viele Arbeitskräfte in der Landwirtschaft und damit auch pro Flächeneinheit. Das Oakland Institut hat in einer breit angelegten Studie zu den Auswirkungen von Land Grabbing in verschiedenen Ländern Afrikas geschätzt, dass eine Plantage von 100.000 ha für ungefähr 1.000 Menschen Arbeitsplätze schaffen würde. Würde auf derselben Fläche traditionelle Landwirtschaft betrieben, würde dies 50.000 Familien ein Auskommen verschaffen.[14]

Die aktuellen Landakquisitionen haben fast durchweg gemein, dass die Bewirtschaftung des Landes auf Export ausgerichtet ist. Es geht in erster Linie darum, die Nachfrage nach Nahrungsmitteln und Biomasse in den finanzstarken Industrie- und Schwellenländern zu befriedigen. Selbst in vielen Entwicklungsländern, die zur Ernährung ihrer Bevölkerung von ausländischer Hilfe abhängig sind, werden Agrarrohstoffe für den Export angebaut. Die Logik aus Sicht der Investoren ist einfach: Es ist für sie viel lukrativer, einen soliden Markt mit bestehenden Verteilungs- und Logistikstrukturen zu bedienen, als Lebensmittel an heimische und durch lokale Produktion geprägte Märkte zu liefern. Zudem ist die Zahlungsfähigkeit von Konsumenten im Norden ungleich höher, was einen deutlich besseren Erlös verspricht.

Nicht zuletzt verlieren die Regierungen dieser Länder über Jahrzehnte die Verfügungsgewalt über eine ihrer bedeutendsten Ressourcen: dem Land. Damit überlassen sie es privatwirtschaftlichen Akteuren mit ihren ganz eigenen profitgesteuerten Motiven, die Entwicklung des Landes (mit)zubestimmen. Dies hat fatale Folgen für die zum Teil jungen oder schlecht funktionierenden Demokratien dieser Länder. Zusammen mit den Landkonflikten, die gewalttätige Ausmaße annehmen können, und der zunehmenden Verzweiflung in der Bevölkerung aufgrund der unsicheren Ernährungslage etc. erhöht sich in vielen Ländern die Gefahr eines Bürgerkrieges. Je mehr Land über lange Zeit an die Investoren geht, desto geringer wird die Chance auf eine Entwicklung, die auf Landreformen aufbaut, in Kapa-

---

[14] Die verschiedenen Länder-Berichte unter: http://media.oaklandinstitute.org/special-investigation-understanding-land-investment-deals-africa

zitäten in ländlichen Gebieten investiert und Partizipation bei Landentscheidungen vorsieht. Dabei gibt es weltweit Beispiele, wie so etwas funktionieren kann. In Indien im Khamam-Distrikt begannen vor sechs Jahren Bauern, aus ökologischen und ökonomischen Gründen auf den Einsatz von Pestiziden zu verzichten und nach dem Modell einer »kommunal betriebenen Landwirtschaft (CSMA)« zu wirtschaften. Dieses Modell verbreitete sich bis 2010 auf 800.000 ha und 21 Distrikte. Mit der Zeit wurde neben Pestiziden auch nach und nach auf chemischen Dünger verzichtet und stattdessen auf Anbaumethoden gesetzt, die auf traditionellem lokalem Wissen aufbauen. Dadurch konnten die Bäuerinnen und Bauern die Kosten ihrer Landbewirtschaftung erheblich senken und die Abhängigkeit von Agrarkonzernen minimieren. Viele von ihnen konnten so ihre Kredite abbezahlen und das Land, das sie in schlechten Zeiten veräußert hatten, zurückkaufen. Wenn das Land hingegen Großinvestoren und Konzernen gehört und ihre Bewirtschaftungsmethoden auf den Rest des Landes ausstrahlen, werden solche Entwicklungen kaum anzustoßen sein, denn sie widersprechen dem faktorintensiven, kapitalträchtigen und profitorientierten Wirtschaftsmodell.

Zerstörung der Natur und Umweltverschmutzung

Die Umweltprobleme, die durch Land Grabbing hervorgerufen werden können, sind vielfältig. Meistens handelt es sich nicht um neue Phänomene, sondern um eine Verstärkung bereits vorhandener negativer Entwicklungen. Der Grad der Auswirkung hängt davon ab, was auf dem Land der neuen Besitzer vorher passiert ist und in welche Form der Nutzung es überführt werden soll. In der Regel löst eine intensive Agrarnutzung eine traditionelle und vielfältige Landnutzung ab. Im schlimmsten Fall werden Wälder gerodet, Feuchtgebiete trockengelegt oder Grasländer zu Ackerflächen »umgebrochen«. Diese »Landnutzungsänderungen« gehen meistens mit einem Verlust von Lebensräumen sowie erheblichen Kohlendioxidemissionen einher, denn natürliche oder halb-natürliche Ökosysteme werden in agrarindustrielle Monokulturen überführt. Die Kohlendioxidemissionen stammen aus dem Holz, das gerodet oder verbrannt wird und aus dem im Boden gespeicherten Kohlenstoff. In vielen tropischen und subtropischen Gebieten kann Boden deshalb nur für eine begrenzte Zeit für die intensive Landwirtschaft genutzt werden. Wenn die Flächen im großen Maßstab bewässert werden, steigt zudem das Risiko der Versalzung. Zurück bleiben degradierte Flächen, die nicht nur ihren vorherigen ökologischen Wert verloren haben, sondern auch über Jahrzehnte oder Jahrhunderte unbrauchbar geworden sind.

Die Auswirkungen können auch über die eigentlichen Flächen, die genutzt werden, hinausgehen und umliegende Bereiche betreffen. Groß angelegte Wasserentnahmen zur Landbewirtschaftung sorgen zwangsläufig für Wasserknappheit in umliegenden Gebieten, die sich negativ auf Feuchtgebiete und deren Arten als auch auf den Wasserhaushalt umliegender Wälder oder Moore auswirken kann. Weitere indirekte Effekte entstehen, wenn Menschen aus ihren angestammten Gebieten vertrieben werden und sich in anderen, weniger geeigneten Gebieten ansiedeln müssen, in denen ihnen notwendige Ressourcen fehlen. Dies kann zu einer steten Degradierung des Umlandes z.B. wegen Holzentnahme und der Verschmutzung durch Müll und Fäkalien führen (s. Doussou 2011).

Land Grabbing macht auch vor international anerkannten Schutzgebieten nicht halt. In Äthiopien, genauer gesagt in der Region Gambela, wurde Land an den indischen Großkonzern Karuturi vergeben. Ein Teil dieses Landes befindet sich im Gambela National Park. Das Land soll weitgehend gerodet und in Ackerland überführt werden – mit verheerenden Folgen für die dort geschützten Tier- und Pflanzenarten und ihre Lebensräume (Rahmato 2011). Nicht zuletzt werden die ohnehin schon begrenzten Korridore zahlreicher migrierender Tierarten weiter eingeschränkt. Experten gehen davon aus, dass das Gebiet zwischen Gambela und dem Sudan eines der weltweit wichtigsten Migrationskorridore für Großtiere wie diverse Antilopenarten, Büffel und Elefanten ist (Rhamato 2011). Der Gambela Nationalpark, der schon 1974 gegründet wurde, ist seit Jahren nicht mehr ordentlich gemanagt und kontrolliert worden. Was noch einmal deutlich macht, wie schwache Regierungen von den Investoren bewusst ausgewählt werden.

6. Wie reagiert die internationale Politik?

Die zahlreichen Proteste aus den betroffenen Ländern sowie die stetig wachsende Zahl von Berichten, Presseartikeln und -reportagen über die Folgen des Land Grabbing haben durchaus zu einer internationalen Aufmerksamkeit für das Thema geführt. Mittlerweile sind es nicht nur zivilgesellschaftliche Organisationen, die mit Tagungen, Konferenzen und Veröffentlichungen auf die Hintergründe und die Dynamiken des Land Grabbing hinweisen.

Auch die Wissenschaft hat sich mittlerweile intensiv des Themas angenommen. Auf einer internationalen Konferenz zum globalen Land Grabbing an der Universität Sussex kamen im April 2011 über 150 WissenschaftlerInnen aus über 50 Ländern zusammen. Die TeilnehmerInnen diskutierten zahlreiche Aspekte, die mit dem Phänomen Land Grabbing zusammenhängen. In der Tendenz kamen die Wissenschaftler zu ähnlichen Schlussfolgerungen wie die Zivilgesellschaft: Land Grabbing wirkt sich zu einem ganz überwiegenden Teil verheerend auf lokale Gemeinschaften und auf deren Ernährungssituation aus. Positive Beispiele für »Win-win«, das heißt, bei denen sowohl die Investoren als auch die lokale Bevölkerung von den Land Deals profitieren, konnten hingegen nicht gefunden werden (vgl. Herre 2011).

Es stellt sich demnach die Frage, wie ein derart komplexes Problem, dass zudem so viele verschiedene Ursachen und Triebkräfte hat, so geregelt werden kann, dass entweder diese Deals gar nicht erst zustande kommen oder dass die Bevölkerung von den negativen Auswirkungen geschützt wird.

Internationale Politik setzt auf freiwillige Leitlinien

Die Welternährungsorganisation (FAO) hat auf freiwillige Leitlinien gesetzt, um den negativen Auswirkungen des Land Grabbing etwas entgegenzusetzen. Die »Voluntary Guidelines on Responsible Governance on Tenure of Land, Fisheries and Forest« beschreiben, wie Landtransfer-Prozesse ausgestaltet werden können, damit die Rechte der besonders von Hunger und Unterernährung betroffenen und marginalisierten Bevölkerungsgruppen, darunter besonders Frauen, nicht übersehen werden. Die Leitlinien sollen sowohl Regierungen, aber auch allen anderen Akteuren, die Land oder Wälder nutzen bzw. kaufen wollen, Orientierung für die menschenrechtskonforme Ausgestaltung der Nutzungs- und Kaufprozesse bieten. So soll sichergestellt werden, dass die Bevölkerung nicht ihre Lebensgrundlage verliert, von ihrem Land vertrieben oder bei den Landverkäufen nicht ausreichend konsultiert wird. Der Prozess wurde bereits 2008 von der FAO ins Leben gerufen und fand unter dem Dach des Committee for Food Security (CFS) statt, einem Gremium der FAO, bei dem seit 2009 neben Regierungsvertretern auch andere Akteure teilnehmen.[15]

Anfang 2011 wurde die erste Fassung der Guidelines nach zweijähriger Konsultation mit verschiedenen Akteuren aus Politik und Zivilgesellschaft öffentlich zur Diskussion gestellt. Das Ziel, bereits im Oktober 2011 bei zwischenstaatlichen Verhandlungen in Rom zu einer verabschiedungsfähigen Endversion zu gelangen, wurde verfehlt. Erst im März 2012 konnten die Verhandlungen über die Leitlinien abgeschlossen werden. Mehr als 45 VertreterInnen zivilgesellschaftlicher Organisationen nahmen an den Schlussverhandlungen der Leitlinien teil und konnten ihre Positionen einbringen.

Können freiwillige Leitlinien etwas bewirken?

Die Voluntary Giudelines sind, wie der Name schon verrät, nicht gesetzlich bindend, sondern stellen nur einen internationalen Standard für verantwortungsvolle Landpolitik dar. Die Wirkung solcher Guidelines sollte trotzdem nicht unterschätzt werden.

---

[15] Das Ziel des Komitees ist es, durch einen internationalen Beteiligungsprozess zu umfassenden Verbesserungen der Ernährungssicherheit zu kommen. Neben UN-Organisationen wie FAO, World Food Programme und dem International Fund for Agricultural Development (IFAD) sind auch NGOs, Wissenschaftsorganisationen, die Weltbank und private Stiftungen wie die Bill & Melinda Gates Foundation vertreten. Das High Level Panel of Expert (HLPE) soll dem Gremium regelmäßig über die Ernährungssituation berichten, Studien zu Themen wie Land Grabbing anfertigen und so für die Wissensgrundlage zur Entscheidungsfindung beitragen.

Sie setzen einen generell anerkannten Maßstab, mit dem Regierungen oder Investoren konkreter unter Druck gesetzt werden können. Wenn ein solcher Standard hingegen fehlt, lassen sich Land Deals schlicht damit rechtfertigen, sie würden ja nicht gegen die Gesetze verstoßen. Tatsächlich gibt es in den betroffenen Ländern meistens auch keine Gesetze zur Landpolitik, die die Bevölkerung ausreichend schützen. Die Leitlinien haben einen starken menschenrechtlichen Bezug – einschließlich des Menschenrechts auf Nahrung – und geben so den Betroffenen und deren Interessenvertretern ein international anerkanntes Instrument an die Hand, um verantwortliches Handeln von Regierungen und Agrarinvestoren einzufordern. Befürworter der Leitlinien erhoffen sich, dass damit die negativen Auswirkungen der Land Deals eingedämmt und positive Effekte gefördert werden.

Kritiker befürchten hingegen, dass es sich bei den Leitlinien um ein geduldiges und zahnloses Papier mit wenig Wirkung für die betroffenen Menschen handelt. Demnach folgen die Leitlinien einer Logik, nach der Investitionen in landwirtschaftliche Großprojekte nicht prinzipiell negativ sind, wenn Regeln eingehalten werden und die lokale Bevölkerung vor negativen Auswirkungen geschützt wird. Die industrielle Anbaumethode wird in den Leitlinien nicht infrage gestellt. Die internationale Kleinbauernbewegung La Via Campesina beklagt, dass die Regierungsvertreter darauf bestanden hätten, Investitionen in die industrielle Landwirtschaft als zentral für die Entwicklung darzustellen. Wenn man sich die bisher genannten Beispiele anschaut und sich vor Augen führt, dass es bisher letztlich keine positiven Beispiele (»Best Practice«) für Land Deals gibt, kann man diese Annahme durchaus bezweifeln.

Wie bei anderen UN-Richtlinien fehlen auch den Leitlinien effektive Sanktionsmöglichkeiten, die bei Missachtung durch Regierungen und Investoren greifen können. Offen bleibt zudem die Frage, wie mit dem Machtungleichgewicht zwischen lokaler Bevölkerung und Investoren umgegangen werden muss. Auch wenn sich die grundsätzlichen Probleme des Land Grabbing durch die Verabschiedung der Leitlinien nicht lösen lassen, zeigt der Prozess, dass die internationale Staatengemeinschaft der Ressource Land eine zunehmende Bedeutung beimisst und auch das Konfliktpotenzial im Zusammenhang mit Investitionen in Land erkannt hat. Bislang gibt es keine UN-Konventionen, die sich explizit mit Landpolitik auseinandersetzen und damit auch keinen Bezugsrahmen in der internationalen politischen Debatte.[16]

Insofern ist die Erstellung der Guidelines, die im Übrigen auch Vorschläge zur Umsetzung in nationale Gesetze beinhalten sollen, ein wichtiger und notwendiger Schritt. Ob es gelingen wird, in dem Prozess der FAO nutzbare und starke Leitlinien zu verabschieden und diese dann auch in der Praxis zu implementieren, wird sich zeigen. Wenn sich die Guidelines bewähren und etabliert haben, besteht durchaus die Möglichkeit, dass die Regierungen der Länder diese in nationale Gesetze überführen. In einigen Ländern könnten sie zudem eine erste Orientierung geben, wie eine Landpolitik überhaupt aufgebaut werden könnte.

Auch die Weltbank mischt mit

Angeregt durch einige G8-Staaten – insbesondere Japan – stellten Anfang 2010 die Weltbank, die Welternährungsorganisation (FAO), der UN-Fonds für landwirtschaftliche Entwicklung IFAD sowie die Welthandels- und Entwicklungskonferenz UNCTAD sieben freiwillige Prinzipien für verantwortungsvolles Investment in Land (Principles of Resposible Agricultural Investment) vor. Investoren sollen sich freiwillig zu den Prinzipien verpflichten und dafür sorgen, dass ihre Investitionen nicht zulasten der lokalen Bevölkerung gehen oder die Ernährungssicherheit gefährden. Bei den recht vage formulierten Prinzipien wird davon ausgegangen, dass die Investitionen grundsätzlich zu Win-win-Situationen für Investoren und die lokalen Bevölkerungen führen können. Investitionen in Ackerland könnten somit von einer Bedrohung in eine Entwicklungschance transferiert werden. In den Prinzipien wird auf die Berücksichtigung der Ernährungssicherheit, von Land- und Ressourcenrechten sowie die Beachtung ökologischer und sozialer Nachhaltigkeit eingegangen. Eine Beteiligung von

---

[16] Anders beim Klima- oder Biodiversitätsschutz: Seit der Rio-Konferenz 1992 gibt es Konventionen, anhand derer konkrete politische Maßnahmen der internationalen Staatengemeinschaft beschlossen wurden.

zivilgesellschaftlichen Akteuren hat es bei der Entwicklung der Weltbank-Prinzipien nicht gegeben. Bei der Entwicklung der FAO-Guidlines war dies eine zentrale Strategie.

So stoßen die von der Weltbank vorangetriebenen Prinzipien bei Entwicklungs- und Kleinbauernorganisationen auf massive Kritik. Im Frühjahr 2010 protestierten VertreterInnen von Kleinbauernorganisationen in Washington vor dem Gebäude der Weltbank. Die Prinzipien würden die großflächigen Landkäufe und -pachten legitimieren, ohne dass groß angelegte agrarindustrielle Anbaumethoden grundsätzlich infrage gestellt werden. Zudem wird von Freiwilligkeiten, von Befürchtungen und Möglichkeiten gesprochen statt von Garantien, Verbindlichkeiten und festen Absichten. Im Gegensatz zu den von der FAO entwickelten Guidelines nehmen die Weltbankprinzipien keinen Bezug zu Menschenrechtsabkommen und deren Durchsetzung durch vorhandene Regelwerke. Die Kritik der Weltbank-Prinzipien ist mit einer grundsätzlichen Kritik an einer Landwirtschaft verbunden, die sich auf riesige Monokulturen, umfangreichen Chemieeinsatz, den Verbrauch von fossilen Energieträgern und unmenschliche Arbeitsbedingungen stützt. Die Kritiker sind sich einig, dass die großflächigen Landnahmen genau dieses industrielle Agrarmodell in vielen Entwicklungsländern manifestieren und die Weltbank-Prinzipien diesen Prozess nicht aufhalten werden. Die massive Kritik an den Prinzipien führte dazu, dass diese auch im Rahmen des Komitees für Welternährungssicherung (CFS) bislang lediglich zur Kenntnis genommen wurden.

Und was macht die EU?

Genauso wenig wie auf internationaler Ebene gibt es eine offizielle Landpolitik der EU. Das bedeutet nicht, dass die EU-Politik keine Auswirkungen auf die Landnutzung der Entwicklungsländer hätte, im Gegenteil: Durch ihre Landwirtschafts-, Handels-, Entwicklungs-, und Biokraftstoffpolitik nimmt sie massiv Einfluss auf die Landnutzung und natürlich auch auf die Landinvestitionen in Entwicklungsländern (s. Kap. 3). Darüber hinaus stellt die EU ein starkes Gewicht dar bei Entscheidungen in internationalen Institutionen wie IWF und Weltbank.

Zwar hat die Europäische Kommission 2004 so genannte »EU-Leitlinien für die Unterstützung bei der Planung und Reform der Bodenpolitik in Entwicklungsländern« verabschiedet. Sie stellen einen Bezugsrahmen für EU-Mitgliedsstaaten bei der Unterstützung bodenpolitischer Reformen in Entwicklungsländern dar und enthalten einige wichtige Elemente wie die Gefahr von Landverkäufen für die ländliche Bevölkerung oder Empfehlungen für Landreformen und die bessere Berücksichtigung von Frauenrechten in Landfragen. Allerdings finden die Leitlinien in der alltäglichen Politik sowohl in den europäischen Mitgliedsstaaten als auch bei den Regierungen der Entwicklungsländer wenig Beachtung. Es fehlt der Bezug zum eigenen, also EU-internen Handeln, das den ökologischen (und sozialen) Fußabdruck im Rest der Welt immer weiter erhöht und das Ausmaß des Land Grabbing durch verschiedene politische Strategien weiter vorantreibt. Es besteht demnach eine Widersprüchlichkeit zwischen den gut gemeinten Leitlinien einerseits und den tatsächlichen EU-Strategien, z.B. in der Handels- und Biokraftstoffpolitik, andererseits. Damit ist das Dokument, auch weil es lediglich einen anleitenden Charakter hat, praktisch wirkungslos. Genau wie auf internationaler Ebene, fehlt der EU eine integrierte Perspektive auf die vielfältigen Folgen und Ursachen von Land Grabbing, sowie ein politisches Konzept, diese zu minimieren, was letztlich den politischen Willen voraussetzt, Verantwortung zu übernehmen und entsprechende Politikkorrekturen durchzuführen.

Entwicklungsministerium setzt auf Gewinner

Die Grundaussagen des im Januar 2012 veröffentlichten Strategiepapiers des Bundesministeriums für Wirtschaftliche Zusammenarbeit und Entwicklung (BMZ 2012) sind eindeutig: »Der Schlüssel im Kampf gegen Armut und Hunger und der Weg aus der Unterentwicklung sind Investitionen in die ländliche Entwicklung. Investitionen aus dem privaten Sektor sind dabei unverzichtbar. Land Grabbing ist eine Herausforderung, aber es können auch Chancen und Gewinner durch die Investitionen für die Menschen in den Entwicklungsländern geschaffen werden. Die Zusammenarbeit mit dem Privatsektor soll gestärkt werden – aber Investitionen müssen sozial und ökologisch verantwortlich gestaltet werden.« Dafür hat das BMZ durchaus strenge Kriterien entwickelt: Partizipation, Transparenz und Rechenschaftslegung, die Anerkennung bestehender Land- und Wasserrechte, ein menschenrechtskonformer Umgang mit Umsiedlungen und Entschädigungen, Achtung der Menschenrechte auf Nahrung und Wasser, Schutz der natürlichen Ressourcen und eine gerechte Beteiligung am Nutzen der Investition. Eine Auseinandersetzung damit, dass auch Akteure aus Deutschland zu Land Grabbing beitragen, findet in dem Positionspapier nicht statt. Dabei gibt es zunehmend Beispiele dafür wie die Deutsche Bank, Lufthansa oder Acacis. Auch eine kritische Perspektive auf die eigene Politik fehlt. Das BMZ hebt zwar hervor, dass die »schwachen Governance-Sturkturen« in den Entwicklungsländern eine maßgebliche Verantwortung tragen, doch es geht nicht darauf ein, dass die gesetzlichen Beimischungsquoten für Agrarkraftstoffe auch maßgeblich die Jagd auf Ackerland angeheizt haben und die Mehrheit der betroffenen Ackerflächen für den Anbau von Energiepflanzen aufgekauft oder gepachtet werden. Letztendlich stellt auch das BMZ großflächige Investitionen in Ackerland und damit verbundene industrielle Produktionsmodelle nicht infrage. Forderungen nach Agrarreformen und eine gerechtere Verteilung von Land sucht man in dem Papier vergeblich.[17] Im Juli 2013 möchte das BMZ über die Erfolge seines Ansatzes »verantwortungsvoller Investitionen« zur Vermeidung von Land Grabbing berichten. Ob es dem Ministerium gelingen wird, zumindest ein Projekt vorzuweisen, in dem alle Prinzipien eingehalten werden, bleibt abzuwarten.

Afrikanischer Aktionsplan gegen Land Grabbing?

Auch Regierungsvertreter vieler afrikanischer Länder reagierten auf die zunehmenden Berichte über Menschenrechtsverletzungen aufgrund großflächiger Landnahmen. Im Oktober 2011 kamen über 150 Regierungsvertreter afrikanischer Länder sowie Vertreter der Wirtschaft, der Zivilgesellschaft und traditioneller

---

[17] Vgl. auch Kommentar zum BMZ-Positionspapier von Roman Herre auf http://www.globe-spotting.de/bmz-nur-gewinner.html

Stammesstrukturen in Nairobi zusammen, um über Maßnahmen gegen den »dramatischen Trend großflächiger Landkäufe von Agrarflächen durch multinationale Unternehmen« zu diskutieren. In einem Aktionsplan[18] einigten sie sich auf Maßnahmen, um die negativen Auswirkungen großflächiger Landnahmen einzudämmen. Sie zielen darauf ab, die Investitionen in Ackerland so zu gestalten, dass auch die Zielländer davon profitieren. Regierungen werden angehalten, Landgesetze so zu ändern, dass Verträge mit Investoren nur noch mit Nationalregierungen verhandelt werden können und nicht auf kommunaler Ebene. Damit soll mehr Transparenz und eine Verringerung von Korruption erreicht werden.

Zudem soll es unter den afrikanischen Regierungen einen verstärkten Informationsaustausch geben und eine gemeinsame Datenbank aufgebaut werden, in der Informationen zu Bodenverfügbarkeit, Landpreise, Investoren und Landpolitikern gesammelt werden. Eine stärkere Koordination unter den Staaten soll die Verhandlungsmacht gegenüber den Investoren erhöhen und verhindern, dass Ackerland unter Wert verkauft oder verpachtet wird. Der Action-Plan nimmt darüber hinaus Bezug auf die im Juli 2009 von der African Union verabschiedeten Richtlinien »Framework and Guidelines on Land Policy in Africa« (African Union 2009), die einen gleichberechtigten Zugang zu Land und den damit zusammenhängenden Ressourcen für alle Landnutzer gewährleisten sollen. Der Action-Plan zielt darauf ab, potenziell negative Auswirkungen von Landtransaktionen zu minimieren.

Die Regierungen haben damit deutlich gemacht, dass sie die Gefahren des neuen Trends erkennen, aber die Investitionen in Land grundsätzlich nicht ablehnen. Anders als viele zivilgesellschaftliche Akteure auf dem afrikanischen Kontinent gehen sie nach wie vor davon aus, dass eine Win-win-Option besteht. Grundlegende Agrarreformen und eine Umverteilung von Land, wie es Kleinbauernvertreter afrikanischer Länder einfordern, nehmen im Nairobi-Action-Plan keinen Platz ein.

---

[18] http://www.uneca.org/fssdd/lpi/docs-2011Oct/Nairobi%20Action%20Plan%20Final.pdf

7. Proteste gegen den globalen Landraub

»... weil ihre weltweite Arbeit die Lebensgrundlage und Rechte bäuerlicher Gemeinschaften schützt und den massiven Aufkauf von Ackerland in Entwicklungsländern durch ausländische Finanzinvestoren entlarvt.« Mit dieser Erklärung wurde der Nichtregierungsorganisation GRAIN (Genetic Ressources Action International) im Jahr 2011 der Alternative Nobelpreis verliehen.[19] GRAIN trug im Jahr 2008 mit der Publikation »Seized!« maßgeblich dazu bei, dass das Thema Land Grabbing als ein zentrales Nord-Süd-Thema im entwicklungspolitischen Kontext erkannt wurde. Seit dem dokumentiert GRAIN großflächige Landnahmen in dem Internetportal www.farmlandgrab.org. Die Seite ist zu einer wichtigen Quelle für Betroffene geworden, um zu aktuellen und geplanten Land Deals zu recherchieren. Das Internetportal verdeutlicht, welches Ausmaß die großflächigen Landnahmen angenommen haben und trägt zur Mobilisierung von Betroffenen aus den verschiedensten Ländern bei.

Im November 2009 organisierten AktivistInnen von GRAIN und Via Campesina gemeinsam mit vielen anderen Organisationen vor dem Gebäude der Welternährungsorganisation (FAO) in Rom eine Protestaktion unter dem Motto »Stop Global Land Grabbing!«. Anlass war der internationale Welternährungsgipfel, bei dem Regierungsvertreter aus allen Teilen der Welt darüber diskutierten, wie der globale Hunger bekämpft werden kann. Parallel zum offiziellen Gipfel nahmen in Rom auf dem Gelände eines alten Schlachthofes über 600 VertreterInnen von Kleinbauern und -fischern, Frauen, Jugendlichen und Landlosen aus 93 Ländern am Civil Society Forum (CSF) teil. In Workshops und Panels tauschten die Anwesenden Erfahrungen aus und diskutierten über alternative Strategien zur Bekämpfung des globalen Hungerproblems. Der Begriff »Land Grabbing« war in allen Veranstaltungen auf dem CSF präsent und wurde als eines

---

[19] www.rightlivelihood.org/?id=2431

der gegenwärtig zentralsten Probleme der Hungerausbreitung wahrgenommen. Aus den verschiedensten Regionen der Welt berichteten TeilnehmerInnen, dass Unternehmen aus dem In- und Ausland großflächig Ackerland aufkaufen oder pachten. Viele TeilnehmerInnen zeigten sich enttäuscht über ihre Regierungen, die eher die Interessen von Investoren als die der lokalen Bevölkerung unterstützen. Sie fühlten sich überrollt von der Land Grabbing-Welle und sahen dringenden Handlungsbedarf. So heißt es in der Abschlusserklärung des Civil Society Forums, die vor den Regierungsvertretern des offiziellen Welternährungsgipfels verlesen wurde: »Land Grabbing durch das transnationale Kapital muss aufhören. Landlosigkeit und Landraub haben im Zuge der weltweiten Nahrungsmittelkrise, Entwaldung, Beschlagnahmung von Gewässern, die Privatisierung des Meeres, der Binnengewässer und Küstengebiete intensiviert. Beschlagnahmen und Isolieren von Land und Wasser durch Besatzer müssen gestoppt werden. Regierungen und Konzerne kooperieren bei der alarmierenden Praxis des Land Grabbings.«[20]

Die internationale Staatengemeinschaft hingegen konnte nicht davon überzeugt werden, die Problematik des Land Grabbing in der Abschlusserklärung des offiziellen Gipfels zu erwähnen. Dennoch sorgten die Proteste der Zivilgesellschaft während des Welternährungsgipfels dafür, dass Medien von dem Thema explizit berichteten. Das Zusammentreffen der Betroffenen aus vielen Teilen der Welt während des CSF legte zudem einen Grundstein für eine länderübergreifende Vernetzung, um den Kampf gegen Land Grabbing aufzunehmen.

Weltsozialforum in Dakar

Auch beim Weltsozialforum in Dakar (Senegal) im Februar 2011 wurde Land Grabbing als Grund für sich zuspitzende Konflikte erkannt – nicht nur um Land, sondern auch um Wasser. Berichte aus Madagaskar, der DR Kongo, Mali, Indien, Brasilien und Mosambik machten deutlich, dass Land Grabbing ungebremst statt-

---

[20] http://www.foodsovereignty.org/Portals/0/documenti%20sito/Resources/Archive/Forum/2009/Final%20Declaration-EN.pdf

findet und wie ein Tsunami über die lokale Bevölkerung rollt. Aus Mali berichteten Vertreter von Hirtenorganisationen, dass die libysche Regierung mit dem Einverständnis der malischen Regierungen einen 40-Kilometer langen Kanal baut. Der für die Existenz der Hirten notwendige Zugang zu fruchtbarem Weideland wurde dadurch versperrt. Das Bauprojekt machte selbst vor einen Friedhof nicht Halt. »Nicht einmal unsere Toten lassen die Investoren in Frieden ruhen«, erklärten die Vertreter aus Mali empört auf dem von über 200 TeilnehmerInnen besuchten Workshop auf dem Weltsozialforum.

Zum Abschluss des Forums wurde die so genannte Dakar-Erklärung »Stop Global Land Grabbing« beschlossen, in der ein sofortiger Stopp von Land Grabbing und die Rückgabe bereits verkauften oder verpachteten Landes an die lokale Bevölkerung gefordert wird. Die Unterzeichner fordern in der Erklärung zudem ausdrücklich, dass die Prinzipien der Weltbank von der Internationalen Staatengemeinschaft zurückgewiesen werden. Die Erklärung schließt mit dem Appell: »Wir haben alle die Verpflichtung, Widerstand zu leisten und die Bevölkerungen zu unterstützen, die für ihre Würde kämpfen!«[21]

Die in Dakar aufgesetzte Erklärung diente als zentrales Mobilisierungspapier, um eine breite Allianz von zivilgesellschaftlichen Organisationen zu gründen und wurde in den folgenden Monaten von über 900 Organisationen aus mehr als 100 Ländern unterzeichnet. Im Juni 2011 überreichten AktivistInnen die Erklärung anlässlich des Agrarministertreffens der G20 an die RegierungsvertreterInnen und wiesen damit darauf hin, dass besonders viele der privaten Investoren aus den Ländern der G20 stammen.

Internationale Konferenz:
Globalisiere den Kampf! Globalisiere die Hoffnung!

Bäuerliche Organisationen in Mali haben eine zentrale Rolle eingenommen, um den Widerstand gegen Land Grabbing zu organisieren und zivilgesellschaftliche Akteure auf dem afrikanischen Kontinent zu vernetzen. Im November 2011 organisierte

---

[21] http://www.eed.de/fix/files/doc/110215_Statement_Landraub.pdf

der malische Bauernverband National Coordination of Farming Organizations CNOP gemeinsam mit der internationalen Kleinbauernbewegung Via Campesina und dem West Africa Farmers Network (ROPPA) ein dreitägiges Treffen in Nyéléni (Mali), bei dem sich über 250 Bäuerinnen und Bauern, Vertreter nomadischer Viehhalter und indigener Völker aus 30 verschiedenen Ländern über Strategien im Kampf gegen den Ausverkauf von Ackerland austauschten. Es war die erste von Betroffenen selbst ausgerichtete Konferenz, um den Widerstand gegen Land Grabbing zu organisieren.[22] Aus allen Teilen der Welt wurde über die verschiedenen Formen von Landaneignung für Bergbau- und Forstprojekte, Plantagen des Agrobusiness oder Naturschutzparks berichtet. In Nyéléni ging es um konkrete Kämpfe der lokalen Bevölkerung um ihre Ländereien, um Entschädigungen, um Umverteilung von Land und um Agrarreformen. Die TeilnehmerInnen waren sich einig, dass der Kampf gegen Land Grabbing auch ein Kampf gegen die zunehmende Kommerzialisierung von Saatgut, Wasser und traditionellem Wissen ist und dazu beitragen muss, kleinbäuerliche Landwirtschaft zu fördern. Sie machten deutlich, dass es ihnen nicht darum geht, wie sie für sich das Beste aus den Land Deals herausholen können. Stattdessen war die Forderung nach Ernährungssouveränität und einem generellen Paradigmenwechsel weg von einer industrialisierten Landwirtschaft hin zu einer nachhaltigen, lokal angepassten und bäuerlichen Landwirtschaft allgegenwärtig.

In der Entwicklung von Strategien gegen Land Grabbing ging es um sehr konkrete und praktische Fragen: Wie können wir gewährleisten, dass die Bevölkerung über ihre Landrechte informiert ist? Wie können wir die lokale Bevölkerung dazu befähigen, ihre Rechte gegenüber Regierungen und Unternehmen einzufordern? Wie können wir effektive Rechtsberatung für Betroffene organisieren? Wie gehen wir mit korrupten lokalen Behörden oder Dorfchefs um? Was sind Schlüsselelemente für eine effektive Kampagnenarbeit gegen Land Grabbing?

---

[22] Ausführliche Berichte zur Konferenz in Nyéléni unter: http://www.grain.org/es/bulletin_board/entries/4408-farmers-mobilise-to-find-solutions-against-land-grabbing und http://farmlandgrab.org/post/view/19727

Die TeilnehmerInnen der Konferenz in Nyéléni machten auch deutlich, dass der Kampf gegen Land Grabbing nicht ungefährlich ist. Viele berichteten über Repressionen durch lokale Behörden, Polizei oder durch von den Investoren privat angeheuertem Sicherheitspersonal. Bauern, die sich gegen die Landnahmen wehren, würden zunehmend kriminalisiert. Ein Bauer aus Indonesien berichtete: »Viele von uns kommen ins Gefängnis, nur weil wir versuchen unser Land zu retten«.

Doch die TeilnehmerInnen waren entschlossen, Widerstand gegen Land Grabbing zu leisten und in ihren Ländern dafür zu mobilisieren. In einer gemeinsamen Erklärung formulierten sie unter vier Hauptüberschriften konkrete Vorschläge für Aktionen:[23]

- *Kapazitäten aufbauen, um lokalen Widerstand zu organisieren* (z.B. Aufbau einer Datenbank, um Fälle zu dokumentieren und Belege über Prozesse, Akteure und Auswirkungen zu sammeln; Schulung von Gemeinden zu Gesetzen, Rechten, Unternehmen, Verträgen; Entwicklung von lokalen Medien)
- *Verwendung von Rechtsbeistand zur Verteidigung* (z.B. Entwicklung eigener Rechtshilfesysteme und Zusammenarbeit mit Rechts- und MenschenrechtsexpertInnen; Kampagnen für die sofortige Freilassung all jener, die wegen Kämpfen für ihr Land verhaftet wurden)
- *Kampagnenarbeit und Mobilisierung* (z.B. Institutionalisierung des 17. Aprils als Tag der globalen Mobilisierung gegen Land Grabbing; Schaffung eines »Peoples Observatory« zum Thema Land Grabbing, um die gemeinsamen Aktivitäten zu koordinieren; Anpassung von Gesetzen und Politik an die besonderen Bedürfnisse von Frauen; Vorlage der Forderungen bei Parlamenten, Regierungen und internationalen Institutionen; Aktionen gegen Unternehmen, Weltbank und andere multilaterale Entwicklungsbanken; Einforderung von menschenrechtlichen Verpflichtungen bei Regierungen)

---

[23] An dieser Stelle werden nur Beispiele für Aktionen genannt. Die gesamte Erklärung gibt es unter www.fian.de/online/remos_downloads/2011-11_stop_landgrab_de.466.pdf

- *Aufbau von Allianzen* (z.B. Netzwerke und Allianzen auf lo-kaler, regionaler und internationaler Ebene; strategische Alli-anzen mit Presse und Medien)

Was aus dem Aktionsplan auf nationaler Ebene in die Tat umge-setzt werden kann, bleibt abzuwarten. Die Konferenz in Nyéléni war jedoch ein entscheidendes Momentum, um den Widerstand gegen das globale Phänomen Land Grabbing zu internationa-lisieren. Die betroffenen Bevölkerungsgruppen haben erkannt, dass sie den Kampf gegen den Ausverkauf von Land nicht allei-ne bestreiten. Auf allen Kontinenten stehen Menschen vor ähn-lichen Problemen.

Proteste formieren sich weltweit

Großflächige Landnahmen führen nicht selten zu zum Teil auch gewaltsamem Widerstand und erheblichen Protesten. Die Pro-teste in Madagaskar gegen den Land Deal mit dem südkorea-nischen Konzern Daewoo machten deutlich, dass Proteste Land Grabbing zumindest teilweise aufhalten können. Leider wird es auch viele Kämpfe gegen den Ausverkauf von Land geben, die es nicht in die internationalen Medien schaffen und bei denen die Menschen vor Ort sich im Kampf »David gegen Goliath« ver-geblich aufreiben. Aus verschiedenen Ländern finden sich je-doch zunehmend Beispiele, bei denen eine zum Teil sehr pro-fessionelle Organisation des Widerstands gegen Land Grabbing voranschreitet und bei denen Aktionen, die sich auch in der Nyé-lélni-Erklärung wiederfinden, bereits umgesetzt werden:

Senegal: Kleinbauernorganisationen, soziale Bewegungen und NGOs im Senegal haben ein Monitoring und Frühwarnkomitee aufgebaut, das dafür sorgen soll, Journalisten, zivile Akteure und politische Entscheidungsträger frühzeitig vor Land Grabbing-Fäl-len zu warnen und gemeinsam dagegen aktiv zu werden.

Philippinen: Aufgrund des Mangels an zeitnahen, zugäng-lichen und ausreichenden Informationen über abgeschlossene oder geplante Land Deals haben Bauern- und Lobbyorganisa-tionen großen politischen Druck zur Verabschiedung des Infor-mationsfreiheitsgesetzes gemacht. Dieses würde die Regierung zwingen, alle wesentlichen Informationen über von ihr eingegangene Verträge und Vereinbarungen öffentlich zu machen. Das Gesetz ist bereits in dritter Lesung vom Parlament angenommen. Die bäuerlichen Aktivisten arbeiten in der Kampagne »Right to Know, Right Now!« eng zusammen mit zivilgesellschaftlichen Organisationen. Auf lokaler Ebene haben Bauernorganisationen mit Informationskampagnen begonnen. Die lokale Bevölkerung soll für die Problematik des Land Grabbing sensibilisiert werden (Flores-Obanil 2010).

Bangladesch: Zwanzig Tage lang zog eine Karawane von Kleinbauern durch die verschiedenen Regionen Bangladeschs und informierte in Vorträgen, Workshops und Seminaren über das Phänomen Land Grabbing und wie sich Betroffene dagegen wehren können. Organisiert wurde die Karawane von der Koalition asiatischer Kleinbauern »Asian Peasant Coaltion« (APC). Unter den TeilnehmerInnen waren Bauern aus den Philippinen, Indien, Nepal und Sri Lanka.[24]

Indonesien: Im Januar 2012 demonstrierten in Jakarta, der Hauptstadt Indonesiens, über 7.000 Menschen gegen Land Grabbing und für gerechte Agrarreformen. 47 Organisationen hatten zu der Demonstration aufgerufen und Kleinbauern, Fischer, Jugendorganisationen, Frauengruppen und Indigene mobilisiert. Wenige Wochen zuvor war bekannt geworden, dass in den Provinzen Mesuij und Sape Menschen gewaltsam von ihrem Land vertrieben wurden, um einem Großprojekt eines privaten Investors Platz zu machen. Als sich die Menschen dagegen wehrten, wurde ein Mensch von der Polizei erschossen. Der Protest zeigte erste Wirkung: 34 Parlamentsmitglieder sagten zu, ein Komitee zu gründen, um den Fall in Mesuji und Sape zu untersuchen und eine Lösung für den Konflikt zu finden. Auch für zukünftige Agrarreformen möchten sie sich einsetzen.[25]

Südsudan: Ein Fall aus dem jüngsten Staat der Welt zeigt, wie internationale Zusammenarbeit für Ernährungssouveränität aus-

---

[24] www.asianpeasant.org/content/advance-struggle-end-land-grabbing-declares-asian-farmers-group

[25] www.viacampesina.org/en/index.php?option=com_content&view=article&id=1199:indonesia-is-moving-people-demand-the-recovering-of-their-rights&catid=23:agrarian-reform&Itemid=36

sehen kann. Das Oakland Institute, ein US-amerikanischer Think Tank, veröffentlichte 2011 den größten Land Deal in der bisherigen Geschichte des Südsudans. 600.000 ha sollten über einen Zeitraum von 49 Jahren für gerade einmal 25.000 US-Dollar an das texanische Unternehmen Nile Trading & Development Inc. verpachtet werden. Als Reaktion auf die Medienberichte schlossen sich traditionelle und staatliche Entscheidungsträger zusammen, um gemeinsam gegen das Abkommen zu protestieren. Mit Erfolg: Die Staatsregierung stellte die Verhandlungen mit dem Unternehmen ein.[26]

Argentinien: In Vilmer, einer Stadt im Norden Argentiniens, protestierte eine Gruppe aus Kleinbäuerinnen und -bauern sowie HirtInnen gegen die Zerstörung der Wälder durch den zunehmenden Soja-Anbau. Rund 20 Familien blockierten regelmäßig eine wichtige Landstraße, um ihren Unmut zu demonstrieren. In der Provinz Santiago del Estero sind die Bedingungen für Soja nicht ideal, aber die Landpreise günstig für viele nationale und internationale Agrarunternehmen. Dabei werden weite Waldflächen abgeholzt. Dazu zählt auch der rote Quebracho-Baum, der in der Region zwischen Argentinien, Paraguay und Bolivien heimisch ist. Zu leiden haben auch viele Kleinbäuerinnen und -bauern, die über keine Landtitel verfügen und teilweise gewaltsam von ihren Feldern verdrängt werden.[27]

Deutschland: Informationskampagnen

Alarmiert von den Berichten von Partnern aus den Entwicklungsländern nahmen sich auch in Deutschland viele entwicklungspolitische Organisationen der Problematik des Land Grabbing an. Mit Informationskampagnen und Medienarbeit machen die Organisationen auf die Thematik in der Öffentlichkeit aufmerksam. Dabei liegt ein Schwerpunkt der Arbeit deutscher Organisationen darin, deutsche Akteure zu identifizieren, die an der Jagd nach Ackerland beteiligt sind. So deckte die Menschenrechtsorganisation FIAN auf, dass Fonds der Deutschen Bank Gruppe Fi-

---

[26] http://media.oaklandinstitute.org/success-halting-largest-foreign-land-deal-south-sudan

[27] http://farmlandgrab.org/post/view/17680

nanzanteile an einem thailändischen Zuckerrohrkonzern hielten, der mehrere Hundert Menschen in Kambodscha von ihrem Land vertrieben hatte. Brot für die Welt dokumentierte einen Land Grabbing-Fall, bei dem sich der Schweizer Konzern Addax Land in Sierra Leone für die Zuckerrohrproduktion aneignete. Das entwicklungspolitische Netzwerk INKOTA stieß bei Recherchen in Mosambik auf eine Plantage, auf der Jatropha angebaut wurde, dass vom deutschen Konzern Lufthansa gekauft wurde.

Auch mit Protesten gegen die deutsche und europäische Agrarkraftstoffpolitik oder den massiven Import von Futtermitteln problematisieren Organisationen in Deutschland den zunehmenden Druck auf die Ressource Land. Sie zeigen damit auf, dass wesentliche Ursachen des Land Grabbing in der Politik der Regierungen in Europa zu finden sind. Im Rahmen der Aktion »Krötenwanderung jetzt!« fordert Attac Kunden der Deutschen Bank und der Postbank dazu auf, die Bank zu wechseln. Attac argumentiert u.a. damit, dass die Deutsche Bank mit Nahrungsmitteln und mit Ackerland spekuliert.

Mit der Veröffentlichung von Studien und der Organisation größerer Fachtagungen konnten NGOs in Deutschland zudem dazu beitragen, dass das Thema Land Grabbing auf die politische Agenda gekommen ist. So griffen mehrere der Bundestagsparteien (Die GRÜNEN, Die LINKE, CDU/CSU/FDP) Land Grabbing in parlamentarischen Anträgen auf und das BMZ veröffentlichte im Januar 2012 ein Positionspapier zu Land Grabbing.

8. Es ist höchste Zeit zu handeln!

Industrie- und zunehmend Schwellenländer sichern die Konsum- und Mobilitätsbedürfnisse ihrer Bevölkerungen durch den Import von Agrarrohstoffen aus den Entwicklungsländern ab. Die Weltgemeinschaft steht dabei vor der Jahrtausendherausforderung, einen verantwortungsvollen, fairen und zukunftsfähigen Umgang mit diesen Ressourcen zu lernen und global zu organisieren. Diese Aufgabe wirft die Frage auf, ob das vorherrschende Wirtschaftsmodell, das auf unbegrenztes Wachstum setzt, ein Ende finden muss. Da nicht davon auszugehen ist, dass solches Umdenken und entsprechendes Handeln in absehbarer Zeit geschehen wird, müssen dringend kurzfristige Maßnahmen umgesetzt werden, um den ungebremsten Ausverkauf von Land aufzuhalten. Im Folgenden werden Maßnahmen vorgestellt, die aus Sicht der AutorInnen schnellstmöglich von den unterschiedlichen Akteuren angegangen werden müssen. Anschließend wird auf notwendige grundsätzliche Veränderungen eingegangen.

Moratorium für großflächige Landtransaktionen

Die internationale Staatengemeinschaft und viele NGOs aus den Industrie- und Entwicklungsländern erhoffen sich, dass mit der Verabschiedung der »FAO-Leitlinien zum verantwortungsvollen Umgang mit Land und anderen natürlichen Ressourcen« (vgl. Kap. 6) ein geeigneter politischer Rahmen gesetzt wird, um die Landrechte der ländlichen Bevölkerung zu schützen und zu stärken. Doch von der Verabschiedung der Leitlinien hin zur praktischen Umsetzung in nationales Recht durch die entsprechenden Regierungen können noch viele Jahre vergehen. Es bedarf in den kommenden Jahren massiver Anstrengungen, um die Implementierung der Leitlinien in allen Ländern voranzutreiben. Dazu gehört auch die von Land Grabbing betroffene Bevölkerung zu informieren und darin zu schulen, welche neuen Rechte sich für sie ergeben und wie sie diese einfordern können.

Derweilen werden jedoch Investoren weiter Land aufkaufen oder pachten. Deshalb sollten Regierungen in den betroffenen Ländern dringend ein Moratorium für alle großen Landtransaktionen verhängen. Alle Landverkäufe oder -pachten über eine bestimmte Hektargröße sollten so lange ausgesetzt werden, bis die nationalen Regierungen geeignete Strukturen und Regulierungen geschaffen haben, um negative Auswirkungen von Land Deals zu verhindern. Diese Strukturen und Regulierungen sollten in enger Konsultation mit zivilgesellschaftlichen Akteuren diskutiert werden. Ab wie viel Hektar ein Moratorium verhängt werden sollte, hängt stark von den lokalen Gegebenheiten ab. Ein Richtwert könnten 200 ha sein, weil grob davon auszugehen ist, dass Flächenkäufe ab dieser Größe wahrscheinlich mit der Etablierung einer industrialisierten Landnutzung einhergehen.

Ein Moratorium für großflächige Landnahmen, bis es sanktionierbare Menschenrechtsprinzipien bei Investitionen in Land gibt, forderte bereits 2011 der Sonderberichterstatter für das Recht auf Nahrung, Oliver de Schutter.[28] Einige Länder wie Mosambik haben inzwischen angekündigt, weitere Verhandlungen mit ausländischen Investoren zeitweise auszusetzen. In Argentinien wurde ein Gesetz verabschiedet, dass großflächige Landnahmen durch ausländische Investoren in Zukunft erschwert. Demnach sollen zukünftig nicht mehr als 15% der ländlichen Fläche in ausländisches Eigentum übergehen dürfen. Die Obergrenze für einzelne ausländische Käufer soll allerdings immer noch bei 1.000 ha landwirtschaftlicher Fläche liegen.

Die Regierungen der von Land Grabbing betroffenen Länder sollten zudem Maßnahmen ergreifen, um Vertriebene zu entschädigen und Verantwortliche zur Rechenschaft ziehen. Alle Regierungen sollten eine Erhebung über bereits abgeschlossene Land Deals durchführen und überprüfen, ob die Investoren ihren Verpflichtungen nachkommen. Die Weltbank (2010) geht z.B. davon aus, dass nur 21% der Flächen, die in den vergangenen Jahren verkauft oder verpachtet wurden, tatsächlich bewirtschaftet werden. In einigen Ländern wie Mosambik sieht das Landgesetz vor, dass Ackerflächen an den Staat zurückgehen, wenn sie mehr als drei Jahre nicht bewirtschaftet werden.

---

[28]http://www.srfood.org/index.php/en/component/content/article/1124-food-crises-we-need-architects-not-firefighters

Alle Regierungen sollten sich zu Transparenz verpflichten und anstehende Verhandlungen mit Investoren über Ackerland veröffentlichen. Nur so können Betroffene und zivilgesellschaftliche Akteure ihre Bedenken und mögliche Konflikte einbringen. Das Prinzip der freien, rechtzeitigen und informierten Zustimmung der betroffenen Bevölkerung (free, prior and informed consent – FPIC) sollte von den Regierungen gesetzlich verankert werden.

Keine Förderung von Agrarkraftstoffen

Auch die Regierungen der Industrieländer können maßgeblich dazu beitragen, dass der Ausverkauf von Ackerland eingedämmt wird. So besteht ein deutlicher Zusammenhang zwischen den in den letzten Jahren getätigten großflächigen Landnahmen und der Einführung gesetzlicher Beimischungsquoten für Agrarkraftstoffe in den Ländern der EU. Die Beimischungsquoten haben eine politisch bedingte Nachfrage nach Energiepflanzen und damit auch nach der Ressource Land geschaffen. Schätzungsweise zwei Drittel aller großflächigen Landnahmen in Afrika werden getätigt, um Agrarkraftstoffe zu produzieren. Eine Rücknahme der Quotenziele im Verkehrssektor und der Zwangsbeimischung sowie die Aussetzung aller Fördermaßnahmen für Agrarkraftstoffe sind ein wichtiger erster Schritt, um den Druck von der Ressource Land zu nehmen. Die angestrebten Treibhausgasreduktionen im Mobilitätssektor lassen sich ohne Nebenwirkungen auf die Menschen in den Entwicklungsländern durch die Förderung von effizienteren Fahrzeugen und klimaschonendere Mobilitätskonzepte erreichen. Dazu gehören der Ausbau des öffentlichen Personenverkehrs und die Einführung von Tempolimits.

Massentierhaltung eindämmen und Futtermittelimporte reduzieren

78% der Eiweißfuttermittel für die europäische Massentierhaltung stammen aus Importen, vor allem Soja und andere Ölfrüchte. In den Herkunftsländern von Soja, vorwiegend in Südamerika, führt dies häufig zur Verdrängung kleinbäuerlicher Nahrungsmittelproduzenten und traditioneller Landnutzer, zur Expansion der Landwirtschaft in Amazonasgebiete und zur Intensivierung der

Landnutzung auf Kosten der biologischen Vielfalt. Ein wichtiger Schritt wäre, die Massentierhaltung in Deutschland einzudämmen und vor allem nicht weiter zu subventionieren. Damit würde auch die Nachfrage nach importiertem Soja und der Druck auf die Flächennutzung in den Exportländern zurückgehen. Die Subventionierung von neuen Stallanlagen und Modernisierung von Ställen sollte auf Höfe beschränkt werden, die einen hohen Selbstversorgungsgrad mit Eiweißfuttermitteln aufweisen. Auch sollte sich die Bundesregierung für verpflichtende ökologische und soziale Nachhaltigkeitsstandards für den Import von Futtermitteln einsetzen. Um im Gegenzug die eigene Produktion von Futtermitteln auf nachhaltige Art und Weise zu fördern, sollten im Rahmen der Reformierung der Gemeinsamen Agrarpolitik der EU (GAP) zusätzliche Anreize für den heimischen Anbau von Eiweißpflanzen als Zwischenfrüchte geschaffen werden. Dies würde sich nebenbei auch positiv auf die Bodenfruchtbarkeit auswirken.

Transparenz und Kontrolle

Eine zentrale Maßnahme wäre die Erstellung eines Registers aller deutschen Akteure, die international in Ackerland ab 200 ha investieren. Darüber hinaus sollte eine Berichtspflicht für Unternehmen eingeführt werden, im Rahmen derer sie bestimmte Informationen über ihre internationalen Geschäfte (wie Geschäftspartner, finanzieller Umfang des Deals, eingehaltene Standards) offen legen müssen. Dies würde zivilgesellschaftlichen Akteuren sowohl in Deutschland als auch in den betroffenen Ländern die Möglichkeit geben, die Investitionen kritisch zu begleiten und die Bevölkerung vor Ort bei der Umsetzung ihrer Rechte zu unterstützen.

Bundesregierung muss deutliches Zeichen gegen Land Grabbing setzen

Die Bundesregierung sollte im Rahmen der bilateralen Zusammenarbeit die Problematik großflächiger Landnahmen in den Verhandlungen mit den Regierungen der Partnerländer thematisieren und Vertreibungen sowie die Verletzung des Rechts auf Nahrung scharf verurteilen. Auch in multinationalen Organisationen wie der Weltbank sollte die Bundesregierung ihren Einfluss geltend machen. Die Vergabe von Krediten für den Kauf oder die Pacht von großen Ackerflächen sollte so lange ausgesetzt werden, bis die Regierungen geeignete Gesetze und Regulierungen geschaffen haben, die die Bevölkerung von Land Grabbing schützen. Auch sollte die Bundesregierung sich dafür einsetzen, dass die »Prinzipien für verantwortungsvolles Agrarinvestment« von der Weltbank nicht weiter verfolgt werden.

Keine Förderung von Land Grabbing durch Entwicklungsbanken

Die Weltbank und regionale Entwicklungsbanken haben sich als wichtige Förderer des globalen Ausverkaufs von Ackerland herauskristallisiert. Sie fördern Land und Wasser Grabbing, indem sie Kapital und Garantien für investierende Unternehmen bereitstellen. Das Bioethanol-Projekt in Sierra Leone des Schweizer Unternehmens Addax Bioenergy wurde mit zinsgünstigen Krediten im Umfang von über 50% der Gesamtinvestitionen von verschiedenen Entwicklungsbanken, darunter auch die Deutsche Entwicklungsgesellschaft, gefördert. Tatsächlich hat das Projekt gravierende negative Auswirkungen auf die ökologische Situation vor Ort und die lokale Bevölkerung. Die finanzierenden Entwicklungsbanken tragen für die Auswirkungen eine Mitverantwortung. Es ist daher dringend notwendig, dass Entwicklungsbanken die Risiken solcher Projekte besser evaluieren und vorerst keine weiteren Projekte unterstützen, bei denen private Investoren großflächig Land aufkaufen oder pachten.

Bilaterale Investitionsschutzabkommen gerecht gestalten

Bilaterale Investitionsschutzabkommen (BIT) haben in den letzten Jahrzehnten zunehmend an Bedeutung gewonnen. Weltweit existieren heute mehr als 2.600 BITs und allein Deutschland hat mit über 140 Staaten derartige Abkommen geschlossen. Für Unternehmen stellen die Abkommen eine Sicherheit gegenüber politischen Risiken wie etwa Enteignung dar. In der Regel verpflichten sich Staaten mit der Unterzeichnung eines solchen Abkommens zur Zahlung von Entschädigungen im Falle von Enteignungen und zur Nicht-Diskriminierung von ausländischen gegenüber einheimischen Investitionen. Das gibt Investoren die Möglichkeit, Staaten, die nach Ansicht des Unternehmens gegen ein BIT verstoßen, vor einem Schiedsgericht zu verklagen. Das kann zum Beispiel das Internationale Zentrum für Investitionsstreitigkeiten, ein Schiedsgericht der Weltbankgruppe, sein. Die Investoren können dabei für sich einfordern, dass sie Ackerland in den jeweiligen Ländern aufkaufen oder pachten dürfen. Aufgrund von ungleichen Machtverhältnissen setzen die Investoren mit hoch spezialisierten Anwaltskanzleien ihre Interessen gegenüber kleineren und ärmeren Ländern durch. Die Regierungen der Entwicklungsländer haben hingegen kaum Möglichkeiten, die Investoren zu belangen, wenn diese die Vertragsbedingungen nicht einhalten, Ackerland jahrelang brachliegen lassen oder keine Investitionen in die Infrastruktur tätigen. Die Bundesregierung sollte daher die Aufnahme von Pflichten für Investoren, wie die Einhaltung internationaler Arbeitsnormen, Umweltschutzabkommen oder internationale Richtlinien mit Bezug zum Menschenrecht auf Nahrung in bestehende oder neue Abkommen aufnehmen. Die Klagemöglichkeiten für private Konzerne müssen stärker eingeschränkt werden, damit ärmere Staaten und von Land Grabbing betroffene Bevölkerungsgruppen effektiver gegen die Interessen von Investoren geschützt werden.[29]

Zivilgesellschaft als Watch-Dog

Solange staatliche Schutz- und Kontrollmechanismen versagen, muss die Zivilgesellschaft in Europa die Rolle eines Watch-Dogs von Landinvestitionen einnehmen. Sie muss mit intensiven Recherchen dafür sorgen, dass Fälle von Land Grabbing veröffentlicht werden und gegebenenfalls Investoren für Vertreibungen oder die Verletzung von Menschenrechten öffentlich anprangern. Nur durch eine Skandalisierung der Landnahmen europäischer Investoren wird auch die Politik das Thema ernst nehmen und politische Maßnahmen ergreifen, die Land Grabbing verhin-

---

[29] http://land-grabbing.de/index.php?id=435

dern. NGOs in Europa sollten zudem soziale Bewegungen in den Entwicklungsländern, die sich gegen Land Grabbing wehren, in ihrem Kampf finanziell und organisatorisch unterstützen.

Jede/r kann gegen Land Grabbing aktiv werden!

Wer sein Geld nicht einer Bank anvertrauen möchte, die in das Geschäft mit Ackerland verwickelt ist, sollte sich über ihre Aktivitäten informieren und ggf. die Bank wechseln. Mit der Aktion »Krötenwanderung« ruft Attac dazu auf, zu einer ethischen Bank (GLS-Bank, EthikBank, UmweltBank oder Triodos Bank) zu wechseln, die es sich zum Prinzip gemacht hat, ihre Finanzierungen offenzulegen und gezielt zukunftsfähige Projekte, z.B. zur ökologischen Landwirtschaft, zu fördern.

Ein Zeichen gegen Land Grabbing kann jede/r Einzelne auch mit einem Boykott des E10-Kraftstoffs an der Tankstelle setzen. Abgesehen davon, dass die Nutzung des öffentlichen Personennah- und -fernverkehrs oder des Fahrrads die ökologischere und ressourcenschonendere Alternative ist, kann mit einem E10-Boykott der Regierung deutlich gemacht werden, dass Kraftstoffe, die auf Kosten der Menschen in den Entwicklungsländern produziert werden, unerwünscht sind. Generell sollte jede/r sein eigenes Mobilitätsverhalten überdenken.

Mittel- und langfristig sind aus Sicht der Autoren folgende Veränderungen und Entwicklungen notwendig:

Grundsätzlicher Paradigmenwechsel in der globalen Landwirtschaft notwendig

Spätestens seit der Veröffentlichung des Weltagrarberichtes 2008 ist klar geworden, dass »Business as Usual« in der globalen Landwirtschaft keine Option ist. Konkreter heißt dies, dass trotz des Anstiegs der Weltbevölkerung, trotz des zusätzlichen Flächenbedarfs für die Bioenergie und trotz des zu erwartenden Konsumanstiegs vor allem in Schwellen- und Entwicklungsländern, eine bloße Ertragssteigerung in der Landwirtschaft nicht die Lösung sein kann und damit die vielschichtigen kulturellen, gesellschaftlichen und versorgenden Funktionen, die die Landwirtschaft abdeckt, nicht hinreichend berücksichtigt werden. Land

Grabbing steht letztlich für die Weiterverbreitung der industrialisierten Landwirtschaft. Gleichzeitig bedienen sich die reicheren Länder an jenem Land, das zur Ernährung der Menschen notwendig wäre, die von Hunger bedroht sind. Zu einer effektiven und langfristigen Bekämpfung des Hungers, so hat der Agrarbericht gezeigt, muss die kleinbäuerliche Landwirtschaft gestärkt und gefördert werden, anstatt sie weiter zurückzudrängen. Deshalb dürfen im Zentrum einer Welternährungspolitik nicht die schlichte Steigerung der Agrarproduktion und die Weiterverbreitung der industrialisierten Landwirtschaft stehen.

Ernährungssouveränität:
Für eine selbstbestimmte Landwirtschaft

Anstatt die Kleinbäuerinnen und -bauern, die für die Ernährungssicherung in ärmeren Ländern so entscheidend sind, von ihrem Land zu vertreiben, müssen sie gefördert und ihre Rechte auf Land und andere Ressourcen gewahrt werden. Nur so kann ein stabiles Versorgungsnetz von Lebensmitteln aus lokaler und regionaler Produktion erhalten bzw. aufgebaut werden, das weniger abhängig vom Weltmarkt mit instabilen Preisen und machtpolitischen Einflüssen ist. Gleichwohl sind Investitionen in die Landwirtschaft nicht per se abzulehnen. Entscheidend ist allerdings, welche Ausrichtung die Investitionen haben. Wichtig ist, dass Kleinbäuerinnen und -bauern in die Lage versetzt werden, ihre Produktionsweisen zu verbessern, um höhere Erträge zu erzielen, und bessere Vermarktungsstrukturen aufzubauen. Dies wird aber nicht durch den alleinigen Einsatz von Gentechnik, Pestiziden und Mineraldünger erreicht, wodurch die Böden auf Dauer degradiert und Kleinbauern stärker in Abhängigkeit der Großkonzerne getrieben werden. Vielmehr gilt es, traditionelle Anbaumethoden, die dem Standort der landwirtschaftlichen Produktion meist besser angepasst sind, weiterzuentwickeln oder sie erst einmal wiederzuentdecken. Oft macht es auch wenig Sinn, dass Kleinbäuerinnen und -bauern für den Weltmarkt produzieren, wo sie mit großen Agrarmultis konkurrieren müssen und instabilen Produktpreisen ausgesetzt sind. Sinnvoll ist es hingegen, sich zu Produktionsgemeinschaften wie

Kooperativen zusammenschließen, um sowohl für die regionale Vermarktung als auch ggf. für internationale Märkte Stärken zu bündeln und Risiken abzufedern.

Eine solche Prioritätensetzung in der globalen Landwirtschaft würde sich stärker am Leitbild der Ernährungssouveränität orientieren, das seit den 1990er Jahren maßgeblich von Vía Campesina geprägt wurde. Das Kernstück der Ernährungssouveränität besteht aus Rechten für die Menschen, die Nahrungsmittel benötigen, erzeugen und verteilen. Hierzu gehört:

- Das *Recht auf Nahrung:* Jeder Mensch muss einen stabilen Zugang zu gesunden, nahrhaften, kulturell angemessenen Nahrungsmitteln in ausreichender Menge haben, die es ihm ermöglichen, ein Leben in Würde zu führen. Dies impliziert das Recht, über die eigene Ernährung entscheiden zu können.

- Das *Recht zu produzieren:* Bäuerinnen und Bauern müssen ebenso wie jede Gemeinschaft das Recht haben, Nahrungsmittel herzustellen. Voraussetzung hierfür ist der Zugang zu und die Kontrolle von Ressourcen wie Land, Wasser und Saatgut.

- Das *Recht auf eine selbstbestimmte Landwirtschafts- und Ernährungspolitik:* Jede Gemeinschaft muss ihre Landwirtschaft und ihre Ernährung den eigenen wirtschaftlichen, sozialen, kulturellen und ökologischen Umständen entsprechend gestalten können, allerdings ohne eine Schädigung Anderer. Das beinhaltet das Recht der Gemeinschaft, ihre landwirtschaftliche Produktion mit politischen Instrumenten zu schützen und zu regulieren.

Wenn ein Investor sich Land aneignet, das vorher Menschen genutzt haben, um ihre Familien zu ernähren und der entsprechende Deal von der nationalen Regierung ohne Konsultation der Betroffenen eingefädelt wurde, dann sind alle drei dieser Rechte verletzt worden. Ernährungssouveränität ist auch eine Forderung nach mehr Demokratie und Dezentralisierung. Jedoch sieht das Konzept den Staat auch in der Verantwortung, Rahmenbedingungen zu schaffen, die diese Rechte garantieren. Venezuela, Nepal, Senegal, Bolivien und Mali haben das Konzept der Ernährungssouveränität bereits in ihren Verfassungen verankert, wobei eine ernsthafte Implementierung bislang ausgeblieben ist.

Landreformen sind nicht die alleinige Lösung

Die aktuellen Besitzverhältnisse bezüglich des Landes in den von Land Grabbing betroffenen Staaten (s. Kap. 2 und 3) stehen einer alternativen Landnutzung erheblich im Wege. Deshalb werden von verschiedenen Organisationen Landreformen gefordert, mit deren Hilfe eine Umverteilung von Land zugunsten schwächerer Bevölkerungsgruppen wie z.B. Kleinproduzenten erreicht werden soll. Allerdings garantieren Landreformen nicht automatisch eine Verbesserung für Kleinbauern und andere Benachteiligte. So hat es sich in vergangenen Landreformen zum Beispiel Ende der 1990er Jahre in Ruanda gezeigt, dass Kleinproduzenten Land, dass ihnen durch die Reformen offiziell zugesprochen wurde, schnell wieder an Investoren verkauft haben. Ihnen fehlten die finanziellen Mittel und Kapazitäten, das Land so zu bewirtschaften, dass sie ein ausreichendes Auskommen erzielten. Ein weiteres Problem ist, dass meistens Männer diejenigen sind, die von Landreformen profitieren. Bei der Vergabe von Landtiteln werden in vielen Ländern Frauen stark benachteiligt. Die Vergabe von kollektiven Landtiteln an bäuerliche Gemeinschaften kann dem unter Umständen entgegenwirken. Nicht zuletzt ist die Umsetzung einer Landreform im Sinne der Vergabe von Landtiteln an die Bevölkerung mit hohen administrativen Kosten und zeitlichem Aufwand verbunden. Das ist eine enorme Hürde für die von Land Grabbing betroffene Bevölkerung.

Deshalb spricht FIAN eher von Agrar- als von Landreformen, um deutlich zu machen, dass die bloße Umverteilung von Land nicht ausreicht, um wirklich zu Veränderungen der ländlichen Strukturen zu führen. Vielmehr müssen die Kleinbäuerinnen und -bauern auch in die Lage versetzt werden, das Land zu bewirtschaften und davon ihre Familien zu ernähren. Eine Agrarreform muss entsprechend mindestens folgende Elemente umfassen:[30]

- Umverteilung von Land hin zu einer sozial verträglichen Landbesitzstruktur

---

[30] Siehe: http://www.fian.de/online/index.php?option=com_content&view=article&id=66&Itemid=174

- Verbesserung der ländlichen Infrastruktur, ausgerichtet an den Bedürfnissen ländlicher Armutsgruppen
- Verbesserter Zugang zu landwirtschaftlichen Schulungsmaßnahmen, günstigen Krediten, Saatgut und Wasser

Eine internationale Land- und Entwicklungspolitik kann aus unserer Sicht nur dann erfolgreich sein, wenn sie sich konkret an den Rechten der Ernährungssouveränität und den Elementen einer Agrarreform orientiert. Das bedeutet nicht notwendigerweise eine vollständige Abkehr von der industriellen Landwirtschaft, aber einen deutlichen Prioritätenwechsel. Mögliche Modelle einer Ergänzung bzw. Zusammenarbeit zwischen dem Agro-Business und kleinbäuerlichen Produzenten, wie z.B. Vertragslandwirtschaft oder bestimmte Pachtmodelle, gilt es weiter zu untersuchen und den entsprechenden regionalen Verhältnissen anzupassen (s. Cotula & Vermeulen 2010). Grundsätzlich sollte es immer darum gehen, ein Nebeneinander von verschiedenen Agrarpraktiken zu ermöglichen, wobei es angesichts der existierenden Machtverhältnisse wirksame Schutzmechanismen für schwächere Produktionsmodelle geben muss, um deren Verdrängung zu verhindern. Im Ergebnis müssen die Profite, die auf dem Land erwirtschaftet werden, gerecht(er) verteilt werden.

Allerdings reichen eine Umgestaltung der globalen Landwirtschaft und eine gerechtere Landverteilung nicht aus, das Problem des enorm steigenden Drucks auf die Ressource Land zu lösen. Im Kapitel 2 wurde deutlich, wie viel Fläche die Industrieländer in anderen Teilen der Erde in Anspruch nehmen, um ihren bereits hohen und immer noch ansteigenden Bedarf an Nahrungs- und Futtermitteln, Energiepflanzen und anderen nachwachsenden Ressourcen wie Holz zu decken. Das dahinter stehende Konsummodell ist aufgrund der weltweiten Begrenztheit nutzbarer Agrarflächen nicht auf den Rest der Welt übertragbar und muss deshalb radikal infrage gestellt werden. Alles, was wir in der westlichen Welt noch mehr an Ressourcen verbrauchen, steht Menschen in anderen Ländern schlicht nicht mehr zur Verfügung, obwohl diese oftmals von Hunger oder anderweitigem Ressourcenmangel (wie z.B. Energie) bedroht sind.

Weiterführende Materialien

Ausstellungen

Von Teller, Tank und Trog: Wettlauf um Land in Afrika, Asien und Lateinamerika. Die »Brot für die Welt«-Ausstellung besteht aus zehn Fahnen (1,00 x 2,40 m) und ist auch als Plakat-Version erhältlich.

Landraub – Profit.Macht.Hunger! Ausstellung des Vereins Entwicklungspolitik Niedersachsen e.V. mit Workshop für Schulklassen, Führungen und Podiumsdiskussionen. Infos: www.ven-nds.de

abgeerntet. Wer ernährt die Welt? Die INKOTA-Ausstellung besteht aus acht Bild-Panels, 18 Informationskreisen und verschiedenen Lernstationen. Erhältlich unter www.inkota.de/material/ausstellungen/wer-ernaehrt-die-welt. Die Ausstellung ist auch als Plakat-Version verfügbar: www.mission-einewelt.de

Filme

Raising Resistance. Bettina Borgfeld, David Bernet, 2011. 85 Min. Trailer unter: www.youtube.com/watch?v=eWBzhJUYsik&feature=related.

Land Grabbing – Ackerland in Afrika aufgekauft. Schweizwelt, 3Sat, 2011. www.youtube.com/watch?v=5kmYCPM1H38

Wettlauf um Afrika. Revolutionen, Interventionen, Land Grabbing und Freihandel. Kontext TV, 2011. www.kontext-tv.de/node/73

Afrika – Ackerland im Abverkauf. Weltjournal Reportage, ORF, 2011. www.youtube.com/watch?v=c6AHuHMoTLg&feature=related

Wie sich der DWS-Fonds der Deutschen Bank am »Land Grabbing« beteiligt. Report Mainz, Das Erste, 2010. www.youtube.com/watch?v=Bqx2dGjIrL4

Ackerland für Investoren – Land Grabbing im Süden. Global 3000, Deutsche Welle, 2010. www.youtube.com/watch?v=OZfCva1IR9I

Dritte Welt im Ausverkauf. Dokumentarfilm zum weltweiten Ankauf von Agrarland, Alexis Marant, ARTE, 2010. www.youtube.com/watch?v=ff8vWF2UPso

Hörbeiträge

Ausverkauf der Heimat. Theo.Logik, BR 2, 2012. www.br.de/radio/bayern2/sendungen/theologik/hollenbach-gekuerzt-fuer-theo-am-3001_x100.html

Land Grabbing. Die globale Jagd nach Ackerland. Christian Brüser, Deutschlandfunk/ORF, 2011. http://rutube.ru/tracks/5257705.html.

Verlorene Erde – Das Prinzip Land Grabbing. Der Tag. HR2, 2011. www.podcast.de/episode/2471805/Verlorene%20Erde%20-%20Das%20Prinzip%20Landnahme.

Sierra Leone: Land Grabbing. Breitengrad. BR2, 2011. www.br.de/radio/bayern2/sendungen/breitengrad/sierra-leone102.html

»Land Grabbing« nun auch in Lateinamerika. Echo der Zeit, 2011. www.drs.ch/www/de/drs/sendungen/echo-der-zeit/2646.bt10177434.html

Literatur[31]

Abiwu, C. & Anane, M. (2011): Independent Study Report of the Addax Bioenergy Sugarcane to Ethanol Project in the Makeni Region in Sierra Leone. SILNoRF/Brot für alle/EED. www.brot-fuer-die-welt.de/downloads/niemand-isst-fuer-sich-allein/independent-study-report_addax.pdf.

African Union (2009): Framework and Guidelines on Land Policy in Africa. Revised Version, March 2009, www.pambazuka.org/aumonitor/images/uploads/Framework.pdf.

Anseeuw, W./Alden Wily, L. et al. (2012): Land Rights and the Rush for Land: Findings of the Global Commercial Pressure on Land Research Projekt, Rom.

Bahn, E. (2011): Biokerosin bedroht Kleinbauern, in: Südlink (2011): Ernährung global – Unsere Welt zwischen Hunger und Überfluss, INKOTA-netzwerk, Berlin.

BMZ (2012): Investitionen in Land und das Phänomen des »Land Grabbing«. Herausforderungen für die Entwicklungspolitik, BMZ-Strategiepapier 2, Bonn.

Brot für die Welt (2010): Fleischkonsum – Kampagnenblätter, Stuttgart.

BUND (2011): Ablasshandel im Klimaschutz! Der BUND kritisiert den Kauf von Klimazertifikaten aus Entwicklungsländern durch die Industriestaaten als falsche Klimastrategie, www.bund.net/fileadmin/bundnet/publikationen/klima/20110817_klima_emissionshandel_cdm_hintergrund.pdf.

Cahill, K. (2010): Who owns the world. The surprising truth about every piece of land on the planet, Boston.

Cotula, L. (2011): Land Deals in Africa: What is in the Contracts? IIED, London.

Cotula, L./Vermeulen, S. et al. (2009): Land Grab or Development Opportunity? Agricultural Investment and International Land Deals in Africa, FAO/IIED/IFAD. London/Rom.

Cotula, L. & Skinner, J. (2011): Are Land Deals Driving »Water Grabs«? Breafing: The Global Land Rush. November 2011, IIED, http://pubs.iied.org/pdfs/17102IIED.pdf.

Dossou, P.J. (2011): Evolution and Impacts of Coastal Land Use in Benin: The Case of the Sèmè-Podji Commune. VADID Contribution to ILC Collaborative Research Project on Commercial Pressures on Land, Rom. Zitiert in: Anseeuw, W./Alden Wily, L. et al. (2012).

FAO (2011): The State of Food Insecurity in the World, Rom.

FIAN (2010a): Land Grabbing in Kenya and Mozambique. A Report on Two Research Missions – and a Human Rights Analysis on Land Grabbing, Heidelberg.

FIAN (2010b): German Investment Funds Involved in Land Grabbing,

---

[31] Alle im Buch angegebenen Webseiten wurden zuletzt am 5.3.2012 aufgerufen.

Köln.

Flores-Obanil, C. (2010): Druck von unten – Auf den Philippinen organisiert sich breiter Widerstand gegen das Land Grabbing, in: INKOTA (2010): Die neue Landnahme: Der Globale Süden im Ausverkauf, INKOTA-Dossier 7, Berlin.

Friends of the Earth (2010): Afrika: für jedermann zu haben – Ausmaß und Auswirkungen von Landnahme für Agrotreibstoffe, Brüssel.

GRAIN (2008): SEIZED!: The 2008 Land Grab for Food and Financial Security, www.grain.org/fr/article/entries/93-seized-the-2008-land-grab-for-food-and-financial-security.

GRAIN (2012): GRAIN releases data set with over 400 global land grabs, www.grain.org/article/entries/4479-grain-releases-data-set-with-over-400-global-land-grabs

GTZ (2009): Foreign Direct Investment (FDI) in Land in Developing Countries, Eschborn.

Herre, R. (2010): »Heute haben wir Angst vor Entwicklung«. Landraub und Vertreibung in Kambodscha, in: INKOTA (2010): Die neue Landnahme: Der Globale Süden im Ausverkauf, INKOTA-Dossier 7, Berlin.

Herre, R. (2011): Investitionen in den Hunger. Wissenschaft sucht beim Land Grabbing vergeblich nach Positivbeispielen, in: GIZ (2011): Ernährungssicherung, GIZ-Brief, Heft 2, Bonn.

HighQuest Partners (2010): Private Financial Sector Investment in Farmland and Agricultural Infrastructure. OECD Food, Agriculture and Fisheries Working Papers, No. 33, http://dx.doi.org/10.1787/5km7nzpjlr8v-en.

Hirschfeld, J./Weiß, J. et al. (2008). Klimawirkungen der Landwirtschaft in Deutschland. Kurzfassung, IÖW, www.foodwatch.de/foodwatch/content/e10/e17197/e17201/e17219/foodwatch-Report_Klimaretter-Bio_20080825_ger.pdf.

HLPE (2011): Land Tenure and International Investments in Agriculture – A Report by The High Level Panel of Experts on Food Security and Nutrition, www.fao.org/fileadmin/user_upload/hlpe/hlpe_documents/HLPE-Land-tenure-and-international-investments-in-agriculture-2011.pdf.

ILC (2011): Tirana Declaration . International Land Coalition. Tirana, 26 May 2011, http://www.landcoalition.org/sites/default/files/aom11/Tirana_Declaration_ILC_2011_ENG.pdf

Klemmt, M. (2010): Geschäftsinteressen vor Menschenrechten. Das EU-Freihandelsabkommen mit Kolumbien, www.weed-online.org/themen/wto/global/4487862.html.

Kruckow, C. (2011): Die Spirale Gewalt, in: Brot für die Welt/EED/FDCL (2011): Land ist Leben – Der Griff von Investoren nach Ackerland. Beilage zu welt-sichten 5/2011, Frankfurt.

Lugschitz, B./Bruckner, M. & Giljum, S. (2011): Europe's global land demand. Sustainable Europe Research Institute (SERI), www.foe-europe.org/sites/default/files/publications/Europe_Global_Land_Demand_Oct11%5B1%5D.pdf.

Marin, V./Lovett, J. & Clancy, J. (2011): Biofuels and Land Appropriation in Colombia: Do Biofuels National Policies Fuel Land Grabs? Paper presented at the International Conference on Global Land Grabbing 6-8 April 2011, www.future-agricultures.org/publications/research-and-analysis/doc_download/1412-biofuels-and-land-appropriation-in-colombia-do-biofuels-national-policies-fuel-land-grabs.

McKeon, N./Kalafatic, C. (2009): Strengthening Dialogue: UN Experience with Small famer Organizations and Indigenous People, www.un-ngls.org/IMG/pdf_NGLS_strengthening_dialogue_final.pdf.

Oakland Institute (2011): Understanding Investment Deals in Ethiopia, www.oaklandinstitute.org/sites/oaklandinstitute.org/files/OI_Ethiopa_Land_Investment_report.pdf.

Oxfam (2011): Land and Power – The Growing Scandal Surrounding the New Wave of Investment in Land, Oxfam Briefing Paper, www.oxfam.org/files/bp151-land-power-rights-acquisitions-220911-en.pdf.

Plank, Christina (2010): Claims abstecken in Europas Kornkammer, in: INKOTA: Die neue Landnahme: Der Globale Süden im Ausverkauf, INKOTA-Dossier 7, Berlin.

Rahmato, D. (2011): Land to Investors. Large Scale Land Transfers in Ethiopia, Addis Abeba.

Transparency International (2010): Global Corruption Barometer 2010, Berlin.

UKRINFORM (2011): Ukraine. Parliament makes first steps towards sale of land from 2013, www.blackseagrain.net/photo/ukraine.-parliament-makes-first-step-towards-sale-of-land-from-2013.

Vidal, J. (2010): How food and water are driving a 21st-century African land grab, in: The Guardian, http://www.guardian.co.uk/environment/2010/mar/07/food-water-africa-land-grab

Weltbank (2011): Rising Global Interest in Farmland. Can It Yield Sustainable and Equitable Benefits?, http://siteresources.worldbank.org/INTARD/Resources/ESW_Sept7_final_final.pdf.

Welthungerhilfe/IFPRI/Concern Worldwide (2011): Global Hunger Index – The Challenge of Hunger: Taming Price Spikes and Excessive Food Price Volatility, Bonn/Washington/Dublin.

Wiener Bravo, E. (2011): The Concentration of Land Ownership in Latin America: An Approach to Current Problems, CISEPA/cirad/ILC, www.landcoalition.org/sites/default/files/publication/913/LA_Regional_ENG_web_11.03.11.pdf.

Wiggerthale, M. (2009): Macht Handel Hunger? Aus Politik und Zeitgeschichte, APuZ 6-7/2009.

World Food Programme (2012): Countries: Ethiopia, www.wfp.org/countries/Ethiopia/Overview.

WWF (2011): Fleisch frisst Land, Berlin.

Zukunftsstiftung Landwirtschaft/Stiftung Eine Welt Eine Zukunft (2009): Wege aus der Hungerkrise. Die Erkenntnisse des Weltagrarberichtes und seine Vorschläge für eine Landwirtschaft von morgen, Berlin.

VSA: Ökologische Grenzen & soziale Rechte